DROIT ROMAIN
DE L'ACTION PAULIENNE.

DROIT FRANÇAIS
DE L'AUTORITÉ DE LA CHOSE JUGÉE
EN MATIÈRE CIVILE.

THÈSE

PRÉSENTÉE A LA FACULTÉ DE DROIT DE POITIERS

POUR OBTENIR LE GRADE DE DOCTEUR

ET SOUTENUE

LE MARDI 7 AOUT 1866, A SEPT HEURES DU MATIN,

DANS LA SALLE DES ACTES PUBLICS DE LA FACULTÉ

PAR

Marie-Charles LECOQ,

AVOCAT A LA COUR IMPÉRIALE DE POITIERS.

POITIERS
TYPOGRAPHIE DE HENRI OUDIN
RUE DE L'ÉPERON, 4.
1866

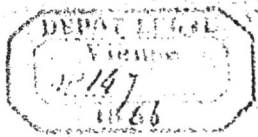

DROIT ROMAIN

DE L'ACTION PAULIENNE,

DROIT FRANÇAIS

DE L'AUTORITÉ DE LA CHOSE JUGÉE

EN MATIÈRE CIVILE.

THÈSE

PRÉSENTÉE A LA FACULTÉ DE DROIT DE POITIERS

POUR OBTENIR LE GRADE DE DOCTEUR

ET SOUTENUE

LE MARDI 7 AOUT 1866, A SEPT HEURES DU MATIN ,

DANS LA SALLE DES ACTES PUBLICS DE LA FACULTÉ

PAR

Marie-Charles LECOQ ,

AVOCAT A LA COUR IMPÉRIALE DE POITIERS.

POITIERS

TYPOGRAPHIE DE HENRI OUDIN

RUE DE L'ÉPERON, 4.

1866

COMMISSION :

Président, M. BOURBEAU ✻, Doyen.

SUFFRAGANTS :
{
M. Abel PERVINQUIÈRE ✻.
M. FEY ✻.
M. RAGON.
} PROFESSEURS.

M. BAUDRY LACANTINERIE. AGRÉGÉ.

Vu par le Président de l'acte.
BOURBEAU ✻.

Vu par le Doyen,
BOURBEAU ✻.

Vu par le Recteur,
MAGIN (O. ✻).

« Les visas exigés par les règlements sont une garantie des principes et des
« opinions relatives à la religion, à l'ordre public et aux bonnes mœurs
« (Statut du 9 avril 1825, art. 41), mais non des opinions purement juridi-
« diques, dont la responsabilité est laissée aux candidats. »
« Le candidat répondra en outre aux questions qui lui seront faites sur
« les autres matières de l'enseignement. »

À MA MÈRE ET À MON PÈRE

À MA FAMILLE, À MES AMIS.

DROIT ROMAIN.

DE L'ACTION PAULIENNE.

CHAPITRE PREMIER.

ORIGINE DE L'ACTION PAULIENNE. — SON FONDEMENT, —

SA NATURE.

C'est une condition de vie pour les sociétés que les engagements formés selon les lois soient exécutés. Aussi, chez tous
les peuples et dès les premières années même de leur nais-
sance, trouvons-nous organisé un système quelconque pour
faire sortir aux conventions leur plein et entier effet.

Je voudrais étudier, dans une de leurs parties les plus importantes, les procédés multiples et variés mais toujours efficaces et puissants, auxquels les Romains eurent successivement
recours pour contraindre à l'exécution des promesses valablement données. J'ai choisi, entre toutes les théories, celle
de la révocation des actes faits en fraude des droits des créanciers. Outre les intérêts de nature diverse qui s'attachent toujours à l'examen des lois romaines, nous trouverons dans ce
sujet le précieux avantage de nous occuper de règles qui aujourd'hui encore sont applicables en France. Les décisions des
jurisconsultes romains sont en effet restées les principes de cette
matière. Adoptées dans leur patrie, et consacrées par l'autorité
législative, elles sont encore en vigueur chez un grand nombre de peuples modernes, et le législateur français, en particulier, n'a pas cru pouvoir mieux faire que d'accepter et de

1

faire passer dans nos lois la belle doctrine qu'ils avaient professée sur ce point [1].

Mais, avant d'entrer dans l'examen détaillé de cette théorie, il convient de donner quelques développements historiques sur l'introduction dans la jurisprudence romaine du pouvoir qui fut conféré aux créanciers de faire annuler les actes frauduleux de leurs débiteurs. Cette faculté ne fut pas d'abord connue dans le système des actions de la loi. Elle y était du reste inutile. Le mode ordinaire d'exécution forcée, *la manus injectio* conduisait celui qui la subissait à des conséquences si terribles, qu'on pouvait bien être assuré qu'aucune pensée de fraude ne pénétrerait dans l'esprit du débiteur ; et qu'avant tout, puisque c'était l'unique moyen de sauver sa liberté et sa vie même, il chercherait à désintéresser ses créanciers, à remplir ses engagements. On sait, en effet, que des deux garanties qu'il pouvait présenter, celle de sa personne et celle de ses biens, Rome n'avait d'abord songé à ne recourir qu'à la première ; mais elle l'avait fait avec une rigueur, une impitoyable dureté de cœur, qui ne s'était pas même arrêtée à la mort du condamné et avait poursuivi l'exécution de ses obligations jusque sur son corps sans vie.

Lorsqu'un individu poursuivi en justice avait avoué sa dette devant le magistrat ou, ce qui revenait au même, qu'il avait été condamné par le juge, la loi lui accordait un délai de trente jours pour chercher à s'acquitter. C'était une sorte de trève et comme un armistice légal. *Eos dies decemviri justos appellaverunt velut quoddam justitium, id est juris inter eos quasi interstitionem quamdam et cessationem, quibus diebus nihil cum his agi jure possit* [2]. Ce temps expiré, il était conduit

1. On sait que le Code Napoléon ne contient qu'un seul article (1167), sur le droit qu'il reconnaît au créancier de faire annuler l'acte frauduleux du débiteur. Ce laconisme dans une matière aussi importante s'explique et se justifie par cette pensée, que les rédacteurs ont renvoyé tacitement aux dispositions de la loi romaine qui peuvent se concilier avec les autres parties de notre législation.

2. *Nuits attiques*, chap. XX, § 1.

de gré ou de force devant le préteur. Là , il ne lui était plus
permis de se défendre lui-même , mais il pouvait encore ou
payer ou présenter un *vindex* qui prit fait et cause pour lui.
A défaut d'un pareil répondant , ordre était donné au magistrat de l'attribuer au créancier : *cui erat judicatus addicebatur.*
Cette *addictio* ne faisait pas un véritable esclave de celui contre qui elle était prononcée [1]. Le débiteur ne subissait pas de
diminution de tête , sa femme et ses enfants restaient sous sa
puissance , il ne perdait même pas la propriété de ses biens,
comme le témoigne ce fragment des Douze-Tables, *si volet suo*
vivito; mais la liberté qu'il conservait n'était qu'apparente et
pour ainsi dire purement nominale ; si en droit il n'était pas
esclave , en fait il l'était, et en subissait tous les traitements.
Conduit chez le créancier, il était, ou jeté dans les fers, ou mis
au carcan , ou encore battu de verges; aucune épreuve ; aucune douleur ne lui était épargnée. Les tortures sans nombre
et de tous genres auxquelles il put être soumis , et que le plus
souvent il endurait, atteignirent un tel degré de cruauté, que,
dans un intérêt public et pour prévenir les soulèvements du
peuple, le législateur avait cru devoir interposer son autorité
et mettre un frein à la barbarie des créanciers [2].

Cette captivité durait soixante jours. Pendant cet intervalle,
l'*addictus* devait être conduit, à des reprises différentes, sur la
place publique, aux jours de marché, *trinis nundinis conti-*
nuis. La somme due était criée à haute voix, afin que tous
ceux qui auraient pitié de lui, parents, amis ou étrangers, tous s'entendissent et se réunissent pour détourner de
sa tête le coup fatal dont il allait être frappé. Si personne ne
se présentait, et qu'à l'expiration du soixantième jour, le
payement ne fût point encore effectué, le créancier devait

1. GAIUS, l. III, § 189.
2. Voici ce que portait la table III des Douze-Tables :
Ni judicatum facit, aut quips endo em jure vindicit, secum ducito, vincito,
aut nervo, aut compedibus, quindecim pondo ne majore, aut si volet minore
vincito.

débarrasser la cité de ce débiteur insolvable en le faisant mettre à mort ou en le vendant au delà du Tibre. On lisait même dans la loi des Douze-Tables que le corps pourrait être coupé en morceaux et distribué à tous les ayants-droit ! *Tertiis nundinis, partis secanto.*

Faut-il ne voir qu'une figure et qu'une simple menace dans cette disposition ? Faut-il penser qu'on pouvait se partager la fortune, mais non le corps du débiteur ? Pour l'honneur de Rome, on voudrait bien l'admettre. Malheureusement, les écrits des anciens auteurs ne peuvent nous laisser aucun doute à cet égard, et il est bien certain que ces expressions étaient prises à la lettre par les écrivains romains eux-mêmes. Je n'en veux d'autre preuve que le texte suivant d'Aulu-Gelle : *Nunc de immanitate illa secandi partiendique humani corporis, si unus, ob debitam pecuniam judicatus addictusque sit pluribus, non libet meminisse et piget dicere; quid enim videri potest efferatius, quid ab hominis ingenio diversius, quam quod membra et artus inopis debitoris brevissimo laniatu distrahebantur sicut nunc bona in venum distrahuntur* (*Nuits Attiques*, XX, 1).

Après une pareille explication, il n'est plus permis d'hésiter, et il faut bien reconnaître que ce droit épouvantable était réellement écrit dans la loi des Douze-Tables.

Tout ce que l'on peut, c'est de dire avec Quintilien [1], et de répéter avec Tertullien [2], que la morale publique avait répudié une pareille disposition, *quam legem mos publicus repudiavit*, et que probablement la cité romaine ne fut jamais souillée par ces exécutions.

Quoi qu'il en soit, et quand même il serait avéré que ce droit exhorbitant ne fut jamais consacré par la loi romaine, il n'en reste pas moins constant que le débiteur pouvait être réduit en esclavage, qu'il pouvait être mis à mort, et l'on

1. *Institut. oral.* 3, 60.
2. *Apologet.*, cap. 1.

conçoit sans peine que la crainte d'un pareil sort constituât pour les créanciers une garantie pleinement suffisante à elle seule et assurément aussi efficace que pouvait l'être aucune autre. A moins de folie, il était impossible qu'un homme ne cherchât pas à acquitter ses obligations, pour échapper au terrible châtiment dont le législateur frappait les débiteurs insolvables.

Mais un système aussi barbare ne pouvait pas durer. Ces excès, cette disproportion entre la faute et la répression, et plusieurs autres causes qu'il est inutile de rappeler ici devaient amener et amenèrent en effet des modifications si nombreuses à cette voie d'exécution forcée, qu'elle finit par disparaitre presque en entier. Il n'entre pas dans mon sujet d'exposer et de suivre les vicissitudes diverses que cette contrainte par corps subit dans la législation de Rome. Il me suffira de dire que, déjà singulièrement adoucie par la loi *Pœtelia*, elle ne consista guère plus que dans la faculté accordée aux créanciers d'emprisonner leur débiteur ou de les faire travailler jusqu'à l'acquittement de ses obligations.

Au surplus, vers la fin du VIe siècle, ou peut-être dans les premières années du VIIe, un préteur, du nom de Publius Rutilius, avait introduit un nouveau mode d'exécution qui se généralisa promptement et se substitua presque totalement à l'ancienne *manus injectio*. Comme cette dernière, elle consistait dans une véritable vente, mais ce qui était vendu, ce n'était plus la personne du débiteur, c'était l'universalité du patrimoine, l'ensemble de ses biens et de ses droits actifs ou passifs; on pouvait encore observer que même sous la nouvelle procédure, il y avait une sorte de mort, mais ce qui mourait ce n'était plus la personne physique, c'était seulement la personne juridique que possédait le débiteur quant à ses intérêts pécuniaires. Il n'y avait plus de *capitis deminutio*, l'infamie seule frappait celui dont les biens avaient été vendus.

Quant aux formalités extérieures, quant aux délais à observer, aux formes à suivre, le préteur eut soin de reproduire fidèlement dans le mode d'exécution qu'il créait tout ce qui se pratiquait dans la *manus injectio*. L'assimilation entre les deux procédures était parfaite sous ce rapport, et elle se découvrait jusque dans les plus minutieux détails.

Le nouveau système qu'avait inauguré Publius Rutilius ne tarda pas à remplacer, dans tous ses cas d'application, l'ancien procédé des actions de la loi. Il possédait sur lui des avantages incontestables, et pouvait à juste titre être considéré comme un véritable progrès. Il avait, en effet, des conséquences moins rigoureuses et il était en tout point plus en harmonie avec les principes du droit et de l'humanité. Mais précisément parce que la peine avait été atténuée comme elle devait l'être, il était à craindre que le débiteur n'étant plus retenu par la menace de la mort ou de l'esclavage, cherchât à tromper ses créanciers et ne se rendit volontairement insolvable, sauf à encourir un châtiment qu'il ne redoutait pas. Le magistrat romain sut prévenir ce fâcheux résultat en introduisant dans la législation ce principe nouveau que les actes faits par un débiteur en fraude et au préjudice des droits de ses créanciers pourraient être annulés sur la demande qui en serait faite. La première application de ce principe consista à accorder un interdit dont voici la formule telle qu'elle nous a été conservée au Digeste[1] : *Quæ Lucius Titius, fraudandi causa, sciente te in bonis, quibus de ea re agitur, fecit ea illis, si eo nomine, quo de agitur, actio ei ex edicto meo competere, esseve oportet, et si non plus quam annus est cum, de eare, qua de agitur, experiundi potestas est, restituas.* D'assez longues discussions se sont élevées sur l'utilité de cet interdit. Doneau pense qu'il fut le premier secours qu'obtinrent les créanciers contre le dol de leurs débiteurs[2]. Je ne serais pas éloigné d'admettre cette doctrine, mais je suis persuadé que l'usage de cet interdit persista même après la création de l'action Paulienne, et,

1. L. 10, Pr. *Quæ in fraudem cred.*
2. Lib. xxiii, cap. 18, nᵒ 14.

quoique ayant servi d'acheminement à cette action et concourant au même but qu'elle, il n'en continua pas moins d'être appliqué dans la suite, car il avait une utilité propre et des avantages tout particuliers.

Le préteur compléta son œuvre par l'institution de deux nouvelles actions, l'une personnelle, l'autre réelle; le législateur de son côté crut nécessaire d'intervenir dans un cas tout spécial, celui d'affranchissements frauduleux, et ce fut ainsi que, dès le commencement de l'empire, les droits des créanciers se trouvèrent garantis autant qu'il était possible contre le dol de leurs débiteurs.

La faculté d'annuler les actes frauduleux était du reste parfaitement fondée en raison, et la plus légère réflexion conduit à l'approbation et à la justification de ce droit.

Si en effet un créancier s'abstient de demander à son débiteur quelques-unes des garanties spéciales que la loi met à sa disposition, s'il n'exige de lui ni caution, ni gage, ni hypothèque, du moins n'entend-il pas lui faire également remise de cette obligation qui est le fondement et comme l'âme même des contrats: la bonne foi, la loyauté de ses conventions à venir, l'abstention de tout acte qu'il sait devoir compromettre l'exécution pleine et entière de ses premiers engagements. Que Titius, mon débiteur, vende ses biens, qu'il les grève de servitudes, qu'il aille jusqu'à les donner: c'est son droit de le faire et c'est mon devoir de subir toutes ces aliénations puisque je n'ai stipulé aucune protection particulière pour sauvegarder ma créance; mais qu'aucun de ces actes ne soit au moins entaché de fraude, que dans aucun d'eux je ne rencontre cette pensée coupable de diminuer son patrimoine, volontairement, sciemment, et avec l'unique intention de soustraire à mes poursuites le gage le plus légitime de mes droits. Ce serait là une mauvaise action, contraire à l'équité, contraire à la bonne foi, contraire même à notre convention; car, quoique nous ne nous soyons pas formellement expliqués sur ce point, mais par cela seul que nous contractions, et comme conséquence certaine quoique tacite de notre engagement, je vous demandais et vous me promettiez de ne rien faire qui dût vous mettre dans l'impossibilité de satisfaire à votre obligation. Cet acte frauduleux constitue donc un véritable manquement à la parole donnée; et on ne peut qu'approuver le législateur quand il l'annule en faveur du créancier. *Malitiis non est indulgendum.*

Dès que cette faculté d'annulation fut consacrée dans la jurisprudence romaine, les créanciers qui, avec le produit de la vente des biens saisis sur leur débiteur, n'étaient pas arrivés à l'acquittement entier de leurs droits, pouvaient néanmoins conserver encore l'espérance d'être payés intégralement.

Il leur resta t, en effet, une dernière ressource, l'examen de la gestion du débiteur. S'ils y découvraient un acte frauduleux fait dans l'intention de leur porter préjudice et qui remplit du reste toutes les conditions requises, ils s'adressaient au magistrat et pouvaient obtenir de lui, pour la révocation de cet acte, soit l'interdit dont nous avons déjà parlé, soit une action *in rem* ou *in personam.*

Je dis une action *in rem* ou *in personam.*

Il m'est en effet impossible de ne voir qu'une seule et même action dans celles dont il est parlé aux *Instituts*, liv. IV, tit. VI, § 6, et au D. lib. 42, tit. 8, *Quæ in fraud. cred.* Tous les efforts tentés dans ce but ne me paraissent avoir abouti qu'à établir d'une manière plus solide encore la doctrine que l'on voulait renverser. Et comment en aurait-il été autrement? Comment réunir ce qui est séparé et prouver l'identité de ce qui est profondément différent?

L'action des Instituts est une action réelle, il n'est pas permis d'en douter. Et en effet où est-elle placée? entre deux actions réelles, dans une énumération qu'on fait d'actions *in rem*, parmi des exemples qu'on en cite : *quas necessarium est exemplis ostendere* [1].

1. *Inst.*, L. IV, t. VI, § 3.

— 9 —

Justinien ne dit-il pas au reste qu'elle sert à revendiquer, *eam rem petere* [1]? Théophile ne déclare-t-il pas formellement que c'est une action *in rem* ? A défaut de ces arguments de texte, sa nature ne nous est-elle pas nettement indiquée par la manière même dont elle était employée ? On commençait par rescinder la tradition, on la supposait non avenue, *rescissa traditione*, et c'est alors seulement, c'est sur cette hypothèse que le préteur accordait une action. Et quelle pouvait-elle être, sinon l'action en revendication, l'action du propriétaire, l'action *in rem* par excellence ?

Doneau ne l'a cependant pas cru. Il n'a voulu voir dans l'action des Instituts que le gage prétorien, *pignus prætorium*, qui était, comme on sait, la conséquence de l'envoi en possession des biens et qui donnait en effet aux créanciers un droit de suite contre les tiers détenteurs ; mais s'il en avait été ainsi, s'il ne s'était agi que d'une simple action hypothécaire, Justinien eût-il attendu, pour en parler, qu'il eût mentionné les deux actions Publiciennes ? Ne l'aurait-il pas rappelée près de l'action Servienne dans le paragraphe même qu'il consacrait à cette dernière ? Et de plus, comment justifier, dans cette opinion, la différence qui existait, à n'en pas douter, entre les détenteurs de bonne foi et ceux de mauvaise. Doneau dit bien que c'était une distinction faite par le préteur, mais où sont les textes à l'appui de cette assertion ? Il n'y a là que doutes, que conjectures comme dans le système tout entier de l'illustre auteur des *Commentaires* du droit civil.

Il en est de même de l'opinion professée par Vinnius. Dire avec cet auteur qu'il y a eu erreur de la part des rédacteurs des Instituts, que l'action Paulienne n'est pas réelle, qu'on l'a rapprochée d'actions de cette nature, telles que les deux Publiciennes, uniquement parce qu'elle était fictice comme ces dernières : c'est émettre une théorie que rien

1. *Inst.* L. IV, § 6.

n'appuie, qui est même en opposition formelle avec les textes aussi bien qu'avec la nature des choses; c'est substituer l'hypothèse à la réalité, le faux au vrai [1].

Laissons donc de côté les interprétations des commentateurs modernes et tenons nous-en à la décision des jurisconsultes romains eux-mêmes. L'action paulienne des Instituts est et n'a jamais été qu'une action *in rem*. C'est là un point que nous croyons incontestable.

Est-il moins certain que l'action dont il est parlé en de si nombreux endroits du Digeste et qui tend également à la révocation des actes frauduleux du débiteur est une action purement personnelle? Je ne le pense pas, et ici encore, la force comme le nombre des arguments est telle que le doute ne me semble pas possible. Qu'est-ce en effet qu'une action personnelle? Celle par laquelle nous soutenons qu'une personne est obligée envers nous : *qua intendimus dare, facere, præstare oportere*, comme le dit Gaïus lui-même au § 2 de son quatrième Commentaire. Or, n'est-ce pas précisément avec ce caractère que nous est représentée l'action paulienne du Digeste? A quoi tend-elle? A ce que l'acquéreur de mauvaise foi et quelquefois aussi celui de bonne foi transfère la propriété de l'objet qui lui a été livré. Le demandeur n'est plus ici un propriétaire, c'est un simple créancier. On ne suppose plus que la tradition est rescindée, on n'accorde plus une *rei vindicatio*; il n'y a plus lieu qu'à une simple *condictio*. De plus, qu'on veuille bien y prendre garde, si l'action du Digeste est *in rem*, pourquoi donc la donner en d'autres matières que celle de propriété? Pourquoi recourir à elle quand il s'agit d'obligations, de cessions d'actions, etc.? Est-ce là le but ordinaire de l'action réelle? S'y appliqua-t-elle jamais?

1. Le même auteur croit pouvoir tirer argument en faveur de sa doctrine, de cette circonstance que l'*intentio* de l'action paulienne *in rem* est « *rem in bonis debitoris mansisse* » et non pas la formule ordinaire « *rem suam esse* ». Mais qu'importe cette différence de rédaction? La chose en est-elle moins considérée comme n'étant pas sortie du patrimoine du débiteur, comme lui appartenant toujours, et dès lors n'y a-t-il pas lieu à la revendication?

Enfin, et Voët a eu raison de le remarquer (*ad Pand. de his quœ in fraudem*), cet argument suffirait à lui seul pour trancher la discussion; qu'on ouvre le Digeste au titre *De usuris*, L. 38, Paul y passe en revue plusieurs actions qu'il commence par déclarer personnelles. *Videamus quando in generali actione quœ in personam sunt, ut fructus veniant.* Sait-on quelles sont ces actions *in personam*? C'est d'abord la *condictio* qu'il applique dans plusieurs espèces; c'est ensuite l'action Favienne de laquelle il est dit, dans le § 26 de la L. 1, *Si quid in fraudem patroni*: « *Hœc actio in personam non in rem est* »; c'est enfin, c'est notre action Paulienne [1]. Donc plus de doute et plus de contestations; l'action Paulienne du Digeste n'est rien autre chose qu'une action personnelle.

Mais, nous dit-on alors, s'il y a d'un côté une action *in rem* et de l'autre une action *in personam*, pourquoi cette dualité? Je répondrai d'abord que quand même nous n'arriverions pas à l'expliquer, ce ne serait pas un motif suffisant de la contester et encore moins de la nier. Notre connaissance du droit Romain n'est pas si absolue que nous devions repousser tout ce que nous ne comprenons pas. Toute science a, du reste, ses doutes et ses obscurités: notre devoir est d'y porter la lumière, de l'essayer du moins; mais, dans le cas même où nous n'y réussissons pas, il ne nous est pas permis, pour une incertitude, de refuser d'admettre toute une suite de vérités constantes. « Tenons fermement les deux extrémités de la chaîne, dussions-nous n'en jamais apercevoir la continuité. »

Du reste, est-il réellement impossible, comme on l'a

---

1. Ce passage de Paul a encore cela de remarquable que c'est le seul dans tout le Digeste où l'action dont nous nous occupons soit mentionnée par le nom de son auteur. Partout ailleurs nous la voyons désignée par une périphrase, *actio de his quœ in fraudem creditorum facta sunt*. Et ce qui peut encore prouver que la première de ces dénominations était peu en usage, c'est que Paul lui-même, dans le paragraphe que nous commentons, ne s'en contente pas et croit devoir encore désigner notre action par le but auquel elle tend.

prétendu, d'arriver à se rendre compte de la coexistence dans les lois romaines des deux actions Pauliennes? Je sais que les conjectures hasardées à ce sujet n'ont pas toutes été également heureuses, témoin celle d'après laquelle l'action réelle se donnerait seulement depuis l'envoi en possession, et l'action personnelle au contraire avant cet envoi, ce qui est formellement démenti par plusieurs passages du Digeste, notamment par les L. 6, § 7, et 10, § 16. h. t.

Voici cependant une explication dont la simplicité et le naturel, si je puis ainsi dire, me portent vivement à croire qu'elle doit être bien près de la vérité, si elle n'est pas la vérité même. Elle repose tout entière sur l'histoire et peut se résumer dans cette pensée qu'il faut attribuer des dates différentes à l'action du Digeste et à celle des Instituts. L'une a dû précéder l'autre, et l'on peut même présumer, sans pouvoir pourtant préciser les époques, qu'un long intervalle de temps a dû les séparer.

Mais laquelle est née la première? A laquelle donner la priorité? c'est sur ce point que les opinions ont été surtout divisées. M. Ortolan — et c'était aussi, si je ne me trompe, l'opinion de M. Du Caurroy, — M. Ortolan pense que l'action réelle est antérieure à l'action personnelle. D'après lui cette dernière n'aurait été imaginée que pour généraliser le principe de rescision des actes frauduleux. Le préteur aurait d'abord été ému de la méchanceté avec laquelle certains débiteurs vendaient à des conditions désavantageuses et donnaient même quelquefois leurs biens sans autre but que de frustrer les droits de leurs créanciers. Il serait venu au secours de ces derniers, leur aurait accordé une action in rem fondée sur l'hypothèse que ces aliénations n'avaient pas été réellement faites. Puis, plus tard, quand les principes de justice se furent développés, il reconnut qu'il y avait même iniquité à respecter et à maintenir des obligations que le débiteur avait contractées, des dettes qu'il avait remises, des actes quelconques qu'il avait passés dans l'intention manifeste de rendre inutiles les poursuites de ses créanciers; et dès lors il délivra des actions personnelles qui prévinrent ou détruisirent les déplorables conséquences de pareilles machinations [1].

Je ne sais si je me trompe, mais j'assignerai aux deux actions Pauliennes une marche entièrement opposée. Je ne puis en effet m'empêcher d'être vivement surpris de ce que, dans tout le corps de droit de Justinien, nous ne trouvons l'action *in rem* mentionnée qu'une seule fois au L. IV des *Inst.*, tit. VI, § 6. Comment expliquer ce silence, sinon par cette considération que cette action est de création toute récente et postérieure en date aux écrits de la plupart des jurisconsultes dont les extraits composent le Digeste? Sans doute, je n'irai pas jusqu'à dire que Justinien est l'auteur de ce changement. Il est probable que cet empereur ne se fût pas contenté d'une mention si brève, même dans un livre élémentaire; il l'eût motivé, commenté longuement comme il l'a fait pour le plus grand nombre des modifications apportées par lui aux lois de son époque. Mais j'admettrais volontiers que l'origine de cette action *in rem* ne doit pas remonter bien avant son règne, qu'elle se place même peut-être sous un de ses prédécesseurs immédiats. Ce qui me confirme dans cette opinion que l'action personnelle est la première en date des actions Pauliennes, c'est que la plupart des actions rescisoires du droit romain sont des actions *in personam*, c'est qu'il en était ainsi de l'action en réméré, ainsi de l'action en répétition de l'indû, ainsi de tant d'autres qu'il est inutile de rappeler ici. Pourquoi donc n'en aurait-il pas été de même de l'action Paulienne? Pourquoi, quand il s'agissait de faire rentrer dans un patrimoine des biens qui en étaient injustement sortis, n'aurait-on pas également accordé une action personnelle comme le plus grand nombre de celles qui tendaient au même but?

Et veut-on connaître maintenant le motif pour lequel l'action réelle s'introduisit dans la législation des temps qui sui-

[1]. ORTOLAN, *Expl. des Inst.*, n° 2080.

virent ? On le trouvera dans l'insuffisance de l'action personnelle, dans l'impossibilité où elle pouvait quelquefois placer
les créanciers d'obtenir le payement intégral de leurs créances. Supposons, en effet, que Titius, l'acquéreur d'un immeuble frauduleusement aliéné, fût lui-même tombé en dé-
confiture : que serait-il arrivé, si les créanciers de Sempronius, le vendeur de mauvaise foi, avaient demandé, au moyen
d'une action *in personam*, la révocation de l'acte entaché
de dol ? Ils auraient été nécessairement colloqués au marc le
franc avec les créanciers personnels de Titius, ils auraient
subi une réduction, ils n'auraient obtenu qu'un dividende. Si,
au contraire, ils arrivent à faire considérer comme non avenue l'aliénation de l'immeuble, ils pourront le revendiquer
entre les mains de Titius, et comme le bien sera censé n'a-
voir jamais appartenu à ce dernier, c'est entre eux, et entre
eux seulement, que se fera la distribution du prix de vente.
Le nombre des copartageants sera réduit, pendant que l'objet
à partager restera toujours le même; le lot de chacun
en deviendra donc plus fort.

C'est ainsi que l'action réelle protégeait plus efficacement
encore que l'action personnelle les droits légitimes des créanciers. Elle fut un progrès, un véritable avancement dans les
idées d'équité et de justice. Aussi, et en me rappelant toutes
les raisons que je viens de dire, serais-je fort surpris qu'elle
eût précédé au lieu de suivre l'action *in personam* [1].

Il nous resterait, pour en finir avec les origines de l'action
Paulienne, à déterminer l'époque où elle s'introduisit dans la
législation romaine. Mais tous les efforts tentés dans ce but
sont restés jusqu'à ce jour sans résultat. Cujas pense cependant que cette action existait déjà à l'époque de Cicéron, et il
en trouve la preuve dans une lettre du grand orateur à Atti-
cus, la première du recueil que nous possédons. On rencontre

1. Voy. à l'appui de ce système, BONJEAN, *Traité des actions*, t. II, p. 160
et suiv.

en effet la désignation à peu près certaine de l'action Paulienne, telle que nous la connaissons.

Un certain P. Varius avait soustrait une somme considérable à ses créanciers; ceux-ci se réunirent tous et demandèrent au préteur de condamner Cæcilius Satrius, l'acquéreur de mauvaise foi, à leur restituer l'argent frauduleusement aliéné. Il est vrai que dans l'espèce citée il est parlé d'une vente de biens qui devait avoir lieu plus tard, ce qui serait en contradiction avec les règles de l'action Paulienne, puisque, comme on le verra dans la suite, cette action ne se donnait jamais qu'après la discussion des biens du débiteur. Mais probablement cette vente ne devait s'appliquer qu'aux biens frauduleusement aliénés et qu'on allait recouvrer.

Quoi qu'il en soit, il est impossible de ne voir dans l'action dont parle Cicéron qu'une simple action de dol. Cette dernière se donnait en effet quand la fraude d'une personne en avait amené une autre à conclure une opération, et nous ne trouvons nulle part qu'elle fût accordée aux créanciers de la personne trompée.

Aussi, dans l'affaire dont il s'agissait, aurait-ce été à Publius Varius lui-même qu'eût dû être confiée l'action, c'était lui qui aurait été induit en erreur ; or le texte nous apprend précisément le contraire. Tout fait donc supposer que l'action Paulienne existait bien à l'époque de Cicéron, et c'est probablement elle que réclamaient les créanciers de Publius Varius.

CHAPITRE II.

A QUELLES CONDITIONS S'EXERCE L'ACTION PAULIENNE.

Ces conditions quoique assez nombreuses peuvent se ramener sous quatre chefs principaux : le préjudice causé aux créanciers, le dessein de nuire de la part du débiteur, l'enrichissement de tiers et quelquefois leur complicité ; enfin la durée même de l'action. Elles tiennent pour la plupart à la nature même de l'action Paulienne, au but vers lequel elle tend et qui est, comme nous le savons, d'une part la punition d'une fraude, de l'autre la sauvegarde d'intérêts légitimes. Nous allons du reste les passer successivement en revue dans l'ordre indiqué.

§ I. — Du préjudice.

On comprend sans peine que ce soit la première condition à exiger pour qu'il y ait lieu à l'exercice de l'action Paulienne. C'est en effet une mesure grave que d'annuler ainsi des transactions et d'anéantir des conventions. On ne doit y avoir recours qu'en dernier lieu et comme à une ressource extrême. Aussi, et en si grand nombre que nous supposions les actes frauduleux du débiteur, tant qu'ils n'auront pas eu pour résultat de créer ou d'augmenter son insolvabilité, son administration sera à l'abri de toute critique. Les tiers pourront conserver, sans jamais être inquiétés, les biens qu'ils auront acquis de lui, car l'action Paulienne sera refusée aux créanciers. Et à quel titre en effet ceux-ci la réclameraient-ils ? N'est-ce pas un principe de toutes les législations, et particulièrement observé dans le droit romain, que là, où il n'y a pas intérêt, il n'y a pas action? Or, dans les circonstances supposées, où est l'intérêt ? Il est impossible de l'apercevoir.

Le premier soin des créanciers, s'ils veulent réussir dans leur demande, sera donc d'établir que l'acte dont ils se plaignent leur a porté un préjudice réel. Comment feront-ils cette preuve ? Il est un moyen qui s'offre de lui-même à l'esprit, c'est la discussion des biens du débiteur. Qu'ils les fassent vendre, et si le prix est insuffisant pour le payement intégral de leurs créances, ils pourront alors attaquer les actes faits en fraude de leurs droits et en demander l'annulation.

Cette marche fut trouvée et suivie par le droit romain. Ce fut à la vente des biens qu'on eut recours pour constater l'insolvabilité du débiteur. Plusieurs textes mettent ce point hors de doute : je me contenterai de citer la loi 10, § 1, *D. Quæ in fraud. cred.* ainsi conçue : *Ita demum revocatur, quod fraudandorum creditorum causa factum est, si eventum fraus habuit, scilicet si hi creditores, quorum fraudandorum causa fecit, bona ipsius vendiderunt.* Voyez également la constitution 1 au Code *De revocandis his quæ in fraud. cred.*

Ainsi la vente des biens devait toujours précéder l'action ; et c'était là une règle générale sans aucune exception, qui recevait son application même dans l'hypothèse où il s'agissait de forcer un créancier à remettre dans la masse commune ce qu'il s'était fait payer depuis l'envoi en possession. Les lois d'Ulpien qui, d'après certains auteurs, établissent le contraire, pour ce dernier cas, ne me semblent rien moins que décisives.

Il faut dire maintenant quels sont les actes qui portent préjudice aux créanciers. Il est impossible, on le comprend bien, d'en donner une énumération complète. Entreprendre un pareil travail, vouloir parcourir le cercle des combinaisons presque sans nombre que peut créer l'intelligence humaine, c'est tenter une œuvre impossible et qui, du reste, serait sans utilité. Il suffit, en effet, de poser les principes et d'établir les règles fondamentales : ce sera l'œuvre des juges de les appliquer dans les diverses contestations qui pourront leur être soumises. Or, voici les deux règles générales qui dominent toute cette matière, et qu'Ulpien résume parfaitement dans la loi 134, *D. De Reg. jur. Pr. Non fraudantur creditores, cum quid non adquiritur a debitore : sed cum quid de bonis diminuitur.*

Ainsi : 1° Tous les actes par lesquels le débiteur aura diminué son patrimoine seront soumis à l'action Paulienne, à supposer toutefois que les autres conditions requises se rencontrent dans la circonstance ; 2° les actes par lesquels le débiteur aura seulement manqué d'augmenter son patrimoine échapperont à cette même action. Faisons usage de ces deux règles, et ne craignons pas d'en étendre l'application, car *latè*

2

ista verba patent, nous dit Ulpien, en parlant des termes dans lesquels le préteur permet d'annuler les actes frauduleux ; et le même jurisconsulte répète ailleurs, à propos des mêmes expressions de l'édit : *Hæc verba generalia sunt, et continent in se omnia in fraudem facta vel alienationem vel quemcumque contractum* [1].

Donc, tout acte, quelle que soit sa nature, tombera sous le coup de l'action Paulienne, s'il a été frauduleusement commis par le débiteur.

Voici, du reste, des exemples que je recueille dans les écrits des Romains eux-mêmes et qui, comme on va le voir, sont empruntés à toutes les matières du droit.

D'abord, pour la propriété et ses démembrements : mon débiteur vend, échange, donne un de ses biens, tous ces actes sont-ils entachés de fraude, tous seront passibles de l'action Paulienne. Il n'y aura même pas d'exception pour les causes les plus favorables, par exemple, pour les constitutions de dot. *Ob ea quæ in dotem data sunt, convenire te creditores nequeunt nisi bonis defuncti non sufficientibus in fraudem creditorum constitutam probabitur* [2].

Si ce sont des servitudes que l'on a converties ou que l'on a acquises, au contraire, mais à des conditions désavantageuses, si l'on a laissé perdre un usufruit par prescription, (car, comme le remarque Paul, on commet également une fraude en ne faisant pas ce que l'on doit faire ; *in fraudem facere eum etiam qui non facit, quod debet facere intelligendum est* [3]), si l'on abandonne la chose pour que quelqu'un s'en empare [4] ; dans tous ces cas et autres semblables, il y aura lieu à l'application de l'action Paulienne.

Mêmes principes, mêmes conséquences en matière de conventions.

1. L. 1, § 2, ULP. *Quæ in fraud. cred.*
2. L. 3, C. *De revoc. his quæ in fraud.*
3. L. 4, PAUL, D. *Quæ in fraud. cred.*
4. L. 5, GAIUS, Eod. tit.

Titius a-t-il contracté des obligations, a-t-il fait quelque *acceptilatio*, quelque pacte de remise, a-t-il libéré un gage, une fidéjussion, une caution quelconque; voilà autant d'actes qui pourront être annulés par l'action Paulienne. Et remarquez que peu importe la qualité de la personne en faveur de qui le débiteur a frauduleusement aliéné un de ces droits. Les créanciers, tout autant que les tiers, seront soumis à la réduction de l'action Paulienne.

Ainsi, supposons qu'un débiteur, dans la prévision que ses créanciers ne recevront qu'un dividende très-faible, et voulant cependant avantager l'un d'eux, lui fasse donation de certains biens, cet acte ne sera certainement pas maintenu. Supposons de même qu'il a fait un payement avant l'échéance du terme, sera-t-il tenu de l'action Paulienne? Ulpien répond affirmativement, et la raison qu'il en donne, c'est qu'il y a fraude dans le simple avancement du temps : *Prætor fraudem intelligit etiam ex tempore fieri* [1]. Aussi Julien n'hésite-t-il pas à condamner également la restitution au comptant qu'un mari aurait faite de la dot, quand il pouvait se contenter de la payer à un terme éloigné [2]. Nous aurons, du reste, à rechercher plus tard ce que doivent restituer les créanciers ainsi payés avant l'échéance de leurs droits.

Mais que décider des payements faits au jour où la dette était exigible? Ils portent certainement préjudice à la masse des créanciers. Seront-ils donc soumis à l'action Paulienne? Je crois qu'il faut répondre à cette question par une distinction : Si le payement a précédé l'envoi en possession des biens, il sera maintenu; si au contraire il est postérieur à la *missio in possessionem*, il pourra être annulé. Je trouve la confirmation de cette double proposition dans les lois 6 § 7 et 10 § 16 du titre *De his quæ in fraud. cred. D.*

On y lit, en propres termes, qu'avant l'envoi en possession,

---

1. L. 10, § 12, Ulp. *h. t.*
2. L. 17, § 4, *h. t.*

il n'y aura rien à reprocher au débiteur, mais que tout ce qu'il aura payé depuis cet envoi devra être rapporté.

Voici cependant un texte de Scævola dans lequel ces deux règles sont beaucoup moins nettement indiquées : c'est la loi 24 de notre titre au Digeste.

Le jurisconsulte se demande ce qu'il faut penser du cas où un pupille héritier sien aurait payé un des créanciers de son père, et se serait ensuite abstenu de l'hérédité. N'y aurait-il pas à distinguer si le payement a été fait par préférence ou autrement, s'il a été offert ou exigé ? Faut-il forcer à restitution, et dans quelles circonstances ? A toutes ces questions, Scævola ne fait qu'une réponse : Si on n'a fait que veiller à ses droits, on ne sera pas tenu de rapporter à la masse ce que l'on aura reçu, car le droit civil est fait en faveur de ceux qui sont vigilants. Mais quand n'a-t-on fait que veiller à ses droits ? Quand y a-t-il fraude ? C'est ce que ne nous dit pas la loi que nous commentons.

On aurait assurément tort de tirer argument de ce silence, pour établir que la distinction posée plus haut, entre les payements faits avant l'envoi en possession et ceux faits postérieurement, n'était pas universellement admise, et constituait plutôt un avis particulier qu'une règle générale et applicable sans contestation. Remarquons en effet que Scævola se contente de n'en pas parler ; il n'en méconnait pas l'existence, il émet seulement un principe dont, très-probablement, la distinction d'Ulpien et de tant d'autres auteurs n'était qu'une conséquence et une application particulière.

Rien, au reste, n'était plus raisonnable, pour valider ou annuler les payements, que de distinguer ainsi les époques auxquelles ils avaient été exécutés. Si, en effet, un des créanciers s'est montré plus vigilant que les autres ; s'il s'est hâté, pourquoi ne serait-il pas récompensé par la conservation de ce que son travail et son intelligence lui ont fait obtenir ? Pourquoi souffrirait-il de la négligence d'autrui ? Qu'il garde plutôt, en toute sécurité, ce qu'il a su se faire payer avant l'envoi en possession des biens. Mais, s'il a attendu jusqu'à ce moment pour commencer ses démarches, ou même, si les ayant commencées avant, elles n'ont abouti qu'après la *missio in possessionem*, il est en retard, il est en faute comme tous ses autres créanciers, et il serait certainement mal fondé à demander d'être payé de préférence aux autres. Tous les biens du débiteur ne forment plus, en effet, à partir de cet instant, qu'une masse dont il est défendu de rien distraire en dehors de la présence et sans le consentement de tous les ayants-droit. Le créancier n'a plus la faculté de rien demander en particulier, le débiteur de rien acquitter, et tout ce qui serait fait en violation de cette règle pourrait, à juste titre, être attaqué et annulé en vertu de l'action Paulienne [1].

Cette distinction me semble si rationnelle que j'en ferais application, même au cas d'obligations naturelles.

Ainsi, si une créance de cette nature avait été acquittée par le débiteur, je maintiendrais le payement, pourvu qu'il fût antérieur à l'envoi en possession des biens. Il est vrai qu'aucun texte ne confirme cette opinion ; mais, comme aucun ne la contredit non plus, et qu'en outre, les mêmes raisons qui ont fait valider le payement des créances civiles ou prétoriennes se reproduisent ici, non moins puissantes ni moins nombreuses ; je crois qu'il faut donner une décision identique et respecter un pareil acte. Je dois dire cependant que cette doctrine est vivement combattue, et que de nombreux auteurs, notamment Francke, professent l'opinion contraire.

Si le doute est possible sur cette question, il est du moins certain et reconnu aujourd'hui par tous les auteurs, que notre règle s'applique, quelle que soit la qualité du débiteur qui a fait le payement, fût-ce même un héritier bénéficiaire. La prétendue exception que Pothier a cru lire dans la loi 22, § 6, *De jure delib. C.* n'existe réellement pas. Il s'agit en effet, dans

---

1. Chez nous, on trouve des distinctions analogues en matière de faillite, art. 438 et suiv. C. de Commerce.

l'espèce, d'actes faits au préjudice de créanciers hypothécaires; et personne n'a jamais douté que, parmi ces derniers,
les premiers inscrits n'eussent le droit de critiquer le payement
de créances postérieures aux leurs. Peu importe donc la manière dont la succession a été acceptée; le payement fait par
l'héritier sera valable, pourvu qu'il soit fait avant l'envoi en
possession des biens.

Mais cette considération du temps est-elle la seule dont on
doive tenir compte dans l'examen de la validité des actes du
débiteur? Ne faut-il pas également avoir égard aux intentions
de ce dernier, au but qu'il s'est proposé d'atteindre? A ce sujet
nous nous rappelons que Scævola, dans la loi 24 de notre
titre, proposait plusieurs distinctions de natures diverses. Le
jurisconsulte discutait la valeur d'un payement fait par un tuteur au nom d'un héritier sien, et il se demandait s'il ne fallait pas distinguer, entre le cas où il y aurait eu préférence et
celui où il en aurait été autrement. De même il ajoutait :
N'examinerons-nous pas aussi si l'acte a été volontaire ou
forcé? Puis il concluait par cette règle générale que nous avons
déjà exposée : « Si je n'ai fait que veiller à mes droits, ma position en est devenue justement meilleure, car le droit civil est
fait pour ceux qui sont vigilants, et je ne serai pas tenu au
rapport de ce que j'aurai reçu ». *Si vigilavi, meliorem meam
conditionem feci, nam jus civile vigilantibus scriptum est; ideo
quoque non revocatur quod percepi.*

Que faut-il penser de ce texte? Devons-nous admettre ou
rejeter les distinctions de Scævola? Je n'hésite pas à répondre
qu'elles me paraissent entièrement en dehors de mon sujet.
De quoi s'agit-il en effet dans cette loi 24? Non pas d'examiner
si tels ou tels actes seront soumis à l'action Paulienne, mais
simplement de savoir quels sont ceux qui seront maintenus
au cas où un héritier se serait fait restituer contre son acceptation; et, à ce point de vue, il est parfaitement vrai de dire
qu'une seule condition sera exigée : la bonne foi de l'héritier.
Voilà la question que voulait résoudre Scævola, voilà l'espèce

qu'il avait sous les yeux, Quant à l'action Paulienne, elle était complétement en dehors de ses prévisions; et nous pouvons, en toute sécurité, maintenir notre principe : pour juger de la validité d'un payement fait par un débiteur, il faut, mais il suffit de se reporter à son époque. A-t-il eu lieu avant l'envoi en possession? il est valable; après? il est nul.

Cette règle souffrait cependant une véritable exception au cas où tous les créanciers ayant déjà formé leur demande, le débiteur aurait payé l'un d'eux *per gratificationem*. Julien nous dit, et Paul admet comme lui, qu'il y a lieu d'annuler le payement intervenu dans de pareilles circonstances [1].

M. de Vangerow enseigne cependant le contraire, et d'après lui il faudrait considérer la doctrine de Julien, soit comme une erreur de la part de cet auteur, soit plutôt comme une interpolation maladroite des commissaires de Justinien. Je n'admettrai ni les critiques ni l'interprétation de l'illustre professeur allemand. Le texte de la loi 6 me paraît en effet d'une clarté à ne laisser aucun doute sur sa véritable signification; et M. de Vangerow le reconnaît du reste comme tous les autres auteurs. De plus, il me semble que la décision qui y est contenue n'est rien moins qu'injuste et dénuée de tout fondement. Ne sentons-nous pas, en effet, qu'il existe une différence, une profonde différence entre le payement fait dans une telle hypothèse, et celui, au contraire, intervenu sur la demande d'un seul des créanciers, dans le repos et dans le silence de tous les autres ayants-droit? Que celui qui s'est montré le plus vigilant, qui s'est donné le plus de peine, que celui-là soit récompensé de ses soins et de son travail, qu'il conserve l'argent qu'il a reçu : je le comprends et je l'admets parfaitement; mais, quand tous les créanciers ont agi en même temps, quand tous ont porté leur demande au même moment, pourquoi l'un d'eux serait-il payé avant les autres? Pourquoi ce privilége? A quel titre l'accorder? Et doit-on permettre encore

---

1. L. 6, § 2, *De reb. auct. jud.* D.

des préférences, des faveurs, des gratifications, comme dit la loi romaine, à un débiteur qui a manqué à ses engagements, qui a failli à sa parole et dont la conduite presque toujours imprudente, sinon déloyale, sera la cause de pertes considérables pour ceux qui se sont fiés à ses promesses? Loin de la repousser, il faut donc, je crois, accepter et approuver la sage distinction que proposait Julien, dans le § 2 de la loi 6.

Mais poursuivons l'examen des actes qui, portant préjudice à la masse des créanciers, peuvent leur conférer le droit d'exercer l'action Paulienne. Nous venons d'en rencontrer dans les matières d'obligations, de propriété, de servitudes; nous allons maintenant en étudier d'autres qui sont relatifs aux successions. Ici, j'avouerai que je ne retrouve plus dans les décisions des jurisconsultes romains la même sûreté de doctrine, ni la même justesse que nous avons eu à admirer jusqu'à ce moment. Soit crainte d'étendre l'application de l'action Paulienne à des cas tellement nombreux que les affaires en eussent pu être troublées et le crédit public peut-être ébranlé, soit pensée qu'il était plus facile de restituer aux créanciers un gage qui leur avait appartenu, que de leur accorder le même droit sur des biens qui n'avaient jamais été la propriété de leur débiteur, soit encore tout autre motif qui nous est resté inconnu; toujours est-il que le Droit romain refusa l'emploi de l'action révocatoire, dans des circonstances où la raison l'eût cependant pleinement justifié, et où d'autres législations, en cela supérieures à celles de Rome, n'ont pas craint d'en autoriser l'exercice. La véritable doctrine consistait, comme on l'a dit, à distinguer les droits acquis des simples expectatives, des vagues espérances, qui peuvent nous être enlevées par des volontés étrangères. C'est cette distinction que l'on voudrait retrouver dans la jurisprudence romaine; c'est elle malheureusement qu'on n'y aperçoit pas suffisamment indiquée. Qu'on en juge plutôt par les espèces suivantes :

Une succession échoit à Titius, elle est grevée de dettes considérables qui absorbent et au delà tout son actif. Si Titius vient à l'accepter, y aura-t-il lieu à rescision ? Sans aucun doute, oui; et les auteurs Romains sont tous tombés d'accord pour accorder dans ce cas la *Pauliana*. Mais plaçons-nous dans l'hypothèse inverse. Supposons que les créances soient supérieures aux dettes, de telle sorte que, par son acceptation, Titius arriverait à désintéresser complétement ses créanciers personnels. Que faudra-t-il décider s'il refuse la succession ? Tous les jurisconsultes de Rome reconnaissent ici que cette renonciation sera inattaquable. Et sait-on la raison qu'ils en donnent ? C'est que l'action Paulienne n'a été établie que contre ceux qui diminuent leur patrimoine et non pas contre ceux qui manquent de l'augmenter. *Non fraudantur creditores quum quid non adquiritur a debitore, sed quum quid de bonis deminuitur.*

Est-ce bien exact ? Et n'y a-t-il pas là, à considérer les choses dans leur réalité, plus de vaine subtilité que de solides raisons ? Quoi! parce que je ne serai pas arrivé à prouver que ces biens vous ont jamais appartenu, qu'ils ont jamais fait partie de votre patrimoine, je devrai être condamné à l'inaction et rester sans aucun moyen de défense contre de pareils actes ? Mais ne voit-on pas qu'au point de vue du préjudice, cette renonciation à une bonne succession équivaut à l'acceptation d'une succession onéreuse ? N'y a-t-il pas dans l'un et l'autre cas même fraude, même pensée coupable ? Pourquoi dès lors annuler un acte et maintenir l'autre ? Pourquoi forcer les créanciers à rester sous le coup de pareilles machinations ?

Est-il même bien vrai de dire qu'il n'y ait jamais diminution de patrimoine dans une renonciation à une succession avantageuse ? Je suppose un fils non émancipé appelé par la loi à l'hérédité paternelle. S'il répudie cette succession, ou, pour parler plus exactement, s'il s'en abstient, dira-t-on encore que sa fortune n'en a pas été diminuée ? Mais cette idée est évidemment inadmissible, car on sait qu'à Rome le fils passait pour avoir un droit de propriété sur les biens de la famille, et qu'il était considéré comme le copropriétaire de son père. Cela est tellement vrai que, quand les enfants venaient à la succession du *paterfamilias*, ce n'était pas à ce dernier, c'était plutôt à eux-mêmes qu'ils étaient censés succéder, c'étaient leurs propres biens dont ils allaient désormais pouvoir jouir et disposer à leur gré : voilà pourquoi on les appelait des héritiers siens, *heredes sui*; voilà pourquoi aussi cette dénomination était refusée aux esclaves. Eh bien ! s'il en est ainsi, si, après la mort du chef de famille ou avant même cette mort, le fils ou la fille de famille sont réputés les propriétaires des biens dont la jouissance va désormais leur appartenir, qui ne voit que si, par un acte quelconque, qu'on l'appelle renonciation, abstention, répudiation, peu importe le nom; si par cet acte ils arrivent à se priver de cette succession paternelle, ils se constitueront en véritable perte, ils rendront leur position moins bonne qu'elle ne l'était, ils diminueront leur patrimoine. Les Romains le reconnaissaient bien eux-mêmes; car, dans l'hypothèse où nous nous sommes placés, dans le cas d'une succession dont s'abstient un héritier sien, ils n'avaient que bien timidement et non sans hésitation repoussé l'exercice de l'action Paulienne. *Vix fraudatorio interdicto non locus erit*, nous dit une constitution de l'empereur Valens [1].

Bien plus, quand un immeuble avait été légué à un pupille, la seule volonté du tuteur ne suffisait pas pour la répudiation de ce legs; il fallait encore l'autorisation du préteur. Pourquoi? Parce qu'il y avait dans ce cas une véritable aliénation, *esse enim et hanc alienationem, cum res sit pupilli, nemo dubitat*: d'où Voët tire la conclusion que la renonciation frauduleuse à un legs d'immeubles peut être annulée sur la demande des créanciers (L. 5, § 8, *De reb. eor. qui sub tut.*). Mais, à supposer que cette conséquence fût vraie, elle ne constitue-

---

1. L. 67, § 2, *Ad senatusc. Treb.*

rait qu'une exception, et l'on peut poser cette règle générale qu'établissent de nombreux textes : la renonciation à une succession, l'abstention même échappent à l'action Paulienne.

Il en est de même de la restitution qu'un héritier fidéicommissaire aurait faite de toute l'hérédité, sans retenir la quarte à laquelle il avait droit. Il y a dans cet acte, d'après les jurisconsultes romains, moins une fraude contre les créanciers que le respect de la parole donnée et l'exécution fidèle des volontés du défunt.

Au contraire, la vente d'une succession obérée, faite par une personne déjà incapable de solder tous ses comptes, pouvait être frappée de nullité. La raison était que cet acte emportait, de la part de son auteur, acceptation de la succession, et partant, l'obligeait à en acquitter toutes les dettes. Or, il n'était pas permis de se rendre plus insolvable encore qu'on ne l'était.

Enfin, le principe que l'action Paulienne ne frappait pas les actes par lesquels un débiteur avait seulement manqué d'augmenter sa fortune, ne recevait pas d'application, lorsque le préjudice devait être supporté par le fisc. C'est ce que dit formellement Paul dans le *proœmium* de la loi 45 *De jure fisci* ; et la décision contraire de la loi 26 du même titre n'est qu'une décision d'espèce, qui fait certainement exception à la la règle générale, mais ne l'abroge cependant pas.

§ II. — *Du dessein de nuire de la part du débiteur.*

Nous savons que l'action Paulienne n'a pas seulement pour but la réparation du préjudice causé aux créanciers, mais qu'elle tend également à réprimer et à punir la mauvaise foi du débiteur. De cette seconde considération, nous pouvons déduire une condition nouvelle pour que l'exercice de l'action soit permis : l'intention de nuire chez l'auteur de l'acte préjudiciable. C'est en effet ce que nous trouvons dans les lois romaines et particulièrement dans ce texte de Papinien : *Fraudis interpretatio semper in jure civili, non ex eventu duntaxat, sed ex consilio quoque desideratur* (L. 79, *De reg. jur.*).

Ainsi, comme nous avons vu plus haut que l'action Paulienne était refusée tant qu'il n'y avait pas eu préjudice causé, quelles que fussent d'ailleurs les intentions du débiteur et si coupables qu'on les supposât, de même ici, quelles que soient les conséquences de son administration, fût-il, d'une position brillante, tombé dans un état précaire et misérable, le débiteur verra respecter tous ses actes, si tous sont exempts de dol. Ce n'est pas en effet l'incapacité que l'on punit, ce n'est pas l'ignorance, c'est la fraude seule; or, la fraude, rappelons-le-nous bien, n'existe qu'à une double condition : d'une part, intention de nuire; d'autre part, préjudice : *consilium et eventus.*

Mais quand y a-t-il *consilium fraudandi*, et en quoi consiste cette condition ? La question n'est pas sans difficulté, et pendant longtemps elle a divisé les commentateurs du Droit romain. On est cependant généralement d'accord aujourd'hui pour accepter et enseigner la doctrine suivante.

La fraude, la pensée coupable n'est pas seulement celle qui a pour but unique de tromper les créanciers. S'il en était ainsi, il faudrait reconnaître que la *Pauliana* serait d'application bien difficile, car, si peu bienveillantes que puissent être les dispositions d'un débiteur pour ceux envers qui il s'est engagé, il sera bien rare qu'un homme consente à se rendre insolvable sans autre intention que de frustrer ses créanciers. Le plus souvent il ne se sera résolu à diminuer le gage de ceux-ci que dans le dessein de procurer un bénéfice à un tiers ou encore à lui-même; il n'aura pas été arrêté par la prévoyance du mal qu'il allait causer, il aura sacrifié les intérêts de ceux dont il était l'obligé au sien propre ou à celui d'autrui. Cette simple connaissance du préjudice qui sera la conséquence de son action, suffit, je crois, pour donner ouverture à l'action Paulienne, quand même l'intention principale n'était pas de nuire aux créanciers. C'est ce qui me paraît résulter du texte suivant de Julien : *Quamvis non proponatur consilium fraudandi habuisse, tamen qui creditores habere se scit, et universa bona sua alienavit intelligendus est fraudandorum creditorum consilium habuisse* [1]. Ainsi, par cela seul qu'un individu savait avoir des créanciers et qu'il n'a pas été arrêté par cette pensée que leurs droits allaient être compromis s'il faisait donation universelle de ses biens, il y aura lieu d'accorder l'action Paulienne. C'est bien, comme on le voit, la conséquence de cette idée que la simple connaissance du préjudice suffit pour l'annulation de l'acte.

On peut observer qu'il y a dans certains cas présomption de fraude, et l'on en a un exemple remarquable dans la loi que nous venons de citer. Mais il va sans dire que ce n'est pas là une présomption invincible contre laquelle la preuve contraire n'est pas admise. Souvent en effet nous sommes portés à exagérer nos ressources, *sæpe enim de facultatibus suis amplius quam in his est sperant homines*, et tel peut faire don de tout son patrimoine sans aucun esprit de fraude, mais avec l'espérance d'acquérir plus tard des gains et des profits qui ne se seront malheureusement pas réalisés.

Nous devons même dire que la loi 17 constitue une véritable exception, et qu'on doit établir comme principe que la fraude ne se présume jamais : *fraus non præsumitur.* Ce sera donc aux créanciers de démontrer que leur débiteur connaissait et prévoyait le préjudice dont ils demandent la réparation. Au reste, ils pourront faire cette preuve par tous les moyens de droit, par des témoignages aussi bien que par des écrits.

Il existe certains actes pour lesquels il y a dispense de fournir aucune preuve de fraude, et qui seront considérés comme non avenus, si honnêtes que fussent les intentions de leur auteur : je veux parler des dispositions testamentaires, telles

1. L. 17, § 1, h. t.

que legs, fidéicommis et même donations à cause de mort, car on sait que, depuis Justinien, il n'est plus douteux que ces dernières ne doivent être assimilées aux legs. Pour tous ces actes, le créancier ne sera pas tenu d'établir la fraude du débiteur. C'est une des conséquences de cette maxime que le payement des dettes doit toujours précéder l'acquittement des libéralités faites par testament, *bona non intelliguntur nisi deducto œre alieno.*

A l'inverse, nous nous souvenons avoir vu dans le paragraphe précédent qu'il existait certains actes exclusifs de toute idée de fraude. Telles étaient les restitutions d'hérédité faites en entier sans retenir les quartes auxquelles on pouvait avoir droit. Nous avons dit que les jurisconsultes voyaient dans ces actions une exécution fidèle des volontés du défunt, plutôt qu'une fraude aux créanciers. Il n'y avait donc jamais lieu d'accorder contre elles l'action révocatoire.

Quand c'était contre un pupille que s'intentait la *Pauliana*, on se contentait d'établir l'esprit de fraude chez son tuteur : *si quœ in fraudem debitorum, quamvis pupilli liberti gesta sunt, revocari jus publicum permittit* [1]. C'était l'opinion du jurisconsulte Ulpien, et on ne peut que l'approuver, puisque l'impubère étant incapable de fraude, on arriverait avec une décision contraire à laisser les créanciers à la merci d'un administrateur sans probité.

§ III. — *De la complicité des tiers.*

Pour donner ouverture à l'action Paulienne, il ne suffit pas toujours des deux conditions que nous venons d'examiner : le préjudice causé, et l'intention de nuire du débiteur. Il faut encore, quand l'acte attaqué est à titre onéreux, il faut qu'on puisse reprocher sa mauvaise foi au tiers contrac-

1. L. 8, *De tutelis.*

tant. Cette troisième condition n'est pas exigée au contraire de la part d'un acquéreur à titre gratuit, et ceci à très-juste raison; car, si c'est contre un donateur que l'action est intentée, à quel titre ce dernier prétendrait-il conserver l'objet qui lui a été livré? Sans doute, il sera privé d'un bénéfice par la restitution à laquelle il va être condamné; mais cette considération peut-elle prévaloir, quand on pense au préjudice, à la perte peut-être considérable que subira le créancier, si la donation est maintenue? L'un combat pour conserver un gain, l'autre pour sauver son patrimoine; entre les deux le choix ne saurait être douteux.

Mais que j'attaque un acquéreur à titre onéreux, tout change. Car pourquoi lui serais-je préféré? Nos droits sont égaux, nos positions les mêmes. Je demande qu'on me préserve d'un préjudice; mais lui, n'en fait-il pas autant? Et de plus, remarquez-le, il possède l'objet en litige, il en est le détenteur; or, il est de jurisprudence que, de deux causes semblables, la meilleure est celle du possesseur: *in pari causa, melior est causa possidentis.* Qu'il conserve donc ce qu'il a légitimement acquis, sa bonne foi le met à l'abri de tout reproche. J'ajoute que la décision contraire conduirait, dans la pratique, aux résultats les plus regrettables; le trouble jeté dans les affaires, le commerce entravé, les transactions arrêtées, telles seraient les conséquences déplorables et presque assurées de l'instabilité des conventions. L'intérêt public s'accorde donc avec la justice pour exiger que l'acquéreur à titre onéreux ne soit dépouillé de l'objet livré qu'autant qu'il s'est rendu complice de la fraude du débiteur.

Mais que doit-on entendre par complicité, et quand sera-t-elle imputable? C'est ce qu'il importe de déterminer avec soin. Il est d'abord évident que la simple connaissance de l'existence des créanciers ne sera pas suffisante. Le tiers, en effet, a pu penser et même il a dû croire, en présence des conditions avantageuses qui lui étaient faites, que la personne avec laquelle il contractait était dans une situation à remplir tous ses engagements antérieurs. On ne peut assurément tirer d'une telle circonstance une présomption certaine de fraude.

Mais, s'il a été averti par les créanciers, s'il a été prévenu que l'acte qu'il allait passer devait avoir pour conséquence inévitable de créer, ou peut-être même d'augmenter une insolvabilité déjà existante, alors, s'il passe outre et qu'il traite quand même, il accepte toute responsabilité, et quel que soit son avis, qu'il soit convaincu qu'il y a erreur de la part des créanciers, que leur débiteur est parfaitement solvable; si en réalité il y a préjudice causé, l'action Paulienne sera toujours recevable.

Réciproquement, si c'est seulement après avoir pris le consentement des créanciers que le tiers se décide à conclure une opération, il n'aura à redouter aucune éviction : *Nemo enim videtur fraudare eos qui consentiunt.* Remarquons cependant qu'il est nécessaire que tous les créanciers aient consenti, tous ceux du moins à qui l'on savait que l'acte devait porter préjudice; car si, connaissant le mauvais état de mes affaires, Titius achète un de mes immeubles à des conditions très-avantageuses, et que, sur les poursuites dirigées contre lui, il veuille se prévaloir de ce qu'il a demandé l'assentiment de tels et tels créanciers, on lui répondra avec raison que, comme il s'est gardé d'aller prendre l'avis de ceux qu'il savait être instruits de ma situation, et qui lui auraient ainsi refusé leur consentement, il s'est rendu coupable de fraude et devra restituer le bénéfice qu'il a pu se procurer.

Mais, dans l'espèce précédente, par qui pourra-t-il être poursuivi? Les jurisconsultes romains ne reconnaissaient ce droit qu'à ceux des créanciers à qui Titius avait su porter préjudice, et qui, bien entendu, n'avaient autorisé ni ratifié l'acte frauduleux. Quant à ceux dont il avait ignoré l'existence, ou dont il avait du moins espéré ne pas léser les droits, tout recours leur était refusé contre lui. Il fallait cependant excepter le cas où les créanciers fraudés auraient été désintéressés dans le but de laisser les autres sans moyen de défense.

Que déciderons-nous de la constitution de dot? Est-il nécessaire que les époux soient complices de la fraude du constituant, ou l'action se donnera-t-elle contre eux malgré leur bonne foi? Cette question revient à demander si la dot doit être considérée en droit romain comme un acte à titre onéreux ou à titre gratuit. Voici, après quelques hésitations, la doctrine qui avait été généralement consacrée. A l'égard du mari la constitution de dot doit être regardée comme un contrat à titre onéreux. Sans elle, en effet, le mari ne se fût probablement pas marié, *cum maritus indotatam uxorem ducturus non fuerit.* (L. 25, § 1er, *Quæ in fr.*) Il n'a accepté les charges du mariage qu'en prévision des secours qui allaient lui être fournis pour les supporter. Donc, point d'action possible contre lui, tant qu'il ne sera pas démontré qu'il a participé à la fraude du constituant.

Mais à l'égard de la femme faudra-t-il encore donner la même décision? On peut hésiter à répondre; car si, d'une part, il est certain que le constituant est un véritable donateur, qu'il faut en conséquence un donataire, et que ce dernier n'est et ne peut être que la femme; d'un autre côté, il est constant que cette même femme peut dire comme son mari : Je ne me suis mariée qu'à la condition de recevoir la somme qui m'a été promise et versée. Cette considération se trouve encore fortifiée par cette autre réflexion que c'était un devoir pour certains parents de constituer une dot à leur fille. Le père entre autres, l'aïeul et la mère même quelquefois étaient tenus de cette obligation. Or, dans ces cas, n'avait-on pas quelque raison de penser que la constitution de dot était moins une libéralité que l'accomplissement d'un devoir, que l'acquittement d'une dette. Aussi ne serais-je pas éloigné de croire que cette manière d'envisager la dot fut celle de plusieurs jurisconsultes romains.

Peut-être même était-elle enseignée par Ulpien. Je n'oserai cependant pas l'affirmer, et j'avoue même que je trouve assez peu concluante l'argumentation sur laquelle s'appuie ordinai-

3

rement cette opinion. Il ne me semble pas en effet qu'il y ait lieu de s'étonner de la manière dont s'exprime ce jurisconsulte dans la loi 14 *in fine* de notre titre. *Si fraudator pro filia sua dotem dedisset et scienti fraudari creditores, filia tenetur ut cedat actione de dote adversus maritum*. Sans doute, puisqu'il était reconnu que le mari était coupable de fraude, *scienti fraudare creditores ;* il paraît bien qu'on aurait dû donner l'action Paulienne directement contre lui et ne pas se contenter de dire que la femme serait tenue de céder son action *de dote* aux créanciers. Mais peut-être le jurisconsulte n'a-t-il voulu exprimer d'autre pensée que celle-ci : la dot sera saisie par les créanciers et la femme perdra son action. Cette interprétation me semble préférable à celle qui modifie le texte de notre loi, remplace le datif *scienti* par l'ablatif *sciente*, fait rapporter ce participe au mot *filia* et, tous ces changements opérés, arrive à décider que puisqu'Ulpien suppose la complicité de la fille et déclare que, dans ce cas, elle devra céder son action de dot aux créanciers, il est juste que l'action Paulienne ne soit pas recevable contre elle, quand on n'aura à lui reprocher aucune participation à la faute du constituant.

Outre qu'une telle conclusion me semble bien forcée, je ferai remarquer que, si l'on doit s'abstenir autant que possible de toute altération de texte, c'est surtout quand cette altération doit conduire à une exception aux règles les plus certaines. Car aucun doute n'est possible à cet égard ; et, quel que soit l'avis auquel on se range sur l'interprétation de la loi 14, on n'en est pas moins forcé de reconnaître que la doctrine générale, celle qui avait définitivement prévalu ; c'était que la femme devait être considérée comme un donataire vis-à-vis du constituant. D'où cette conclusion non moins avérée que le principe, l'action Paulienne se donnera contre elle, même en l'absence de toute fraude.

Remarquons toutefois que, jusqu'à la dissolution du mariage, les créanciers seront sans aucun droit ; ou du moins, qu'ils pourront seulement exiger de la femme une simple promesse de restitution de dot. On comprend, en effet, que, si le mari est de bonne foi, aucun trouble ne peut être apporté à la jouissance des biens qu'il a légitimement acquis.

Relativement à l'*acceptilatio*, la question est encore plus délicate que pour la constitution de dot. Il est certain en premier lieu que, pour le débiteur principal, la remise frauduleuse de la dette est une véritable libéralité, et qu'en conséquence l'acte sera rescindable dans tous les cas. Le nombre des débiteurs importerait peu du reste. Qu'il y en eût un seul ou plusieurs, leur bonne foi ne les mettra jamais à l'abri de l'action Paulienne, puisqu'en définitive, ils ne sont que de simples acquéreurs à titre gratuit.

Mais, à la place de deux débiteurs tenus *correaliter*, supposons un débiteur principal et un fidéjusseur. C'est à ce dernier qu'a été faite l'*acceptilatio*. Faudra-t-il décider encore qu'il y a lieu de révoquer l'acte, même en l'absence de toute fraude de la part du fidéjusseur, et comme si c'eût été en faveur de l'obligé principal que la remise fût intervenue?

Si nous voulons considérer attentivement la question, nous répondrons négativement, car nous reconnaîtrons qu'il n'y a pas dans cette *acceptilatio* une véritable libéralité, qu'il est impossible de considérer le fidéjusseur comme ayant reçu une donation. Qu'a-t-il acquis en effet par cette remise? De quelle somme si minime s'est-il enrichi? Cette dette, dont on vient de le libérer, elle n'était pas la sienne; s'il l'avait payée, il aurait eu recours contre le débiteur principal, il eût obtenu une action pour rentrer dans les sommes qu'il aurait déboursées. Il n'a donc en réalité acquis aucun bénéfice pécuniaire; le seul avantage qu'il ait trouvé, c'est de n'être plus exposé à l'insolvabilité de celui qu'il avait cautionné. Cette considération qu'il échappe simplement au danger de perdre, et ne réalise aucun profit, ne permet pas de le traiter comme un donataire. Toutes les fois donc qu'aucune fraude ne lui sera imputable, aucune action ne sera dirigée contre lui, et, si nous supposons sa bonne foi en même temps que celle du débiteur, ce dernier seul sera tenu (L. 25, pr. h. t.).

Lorsque c'est avec un pupille ou un fou dûment autorisés qu'a été passé l'acte en litige, on se dispense de rechercher quelles étaient les intentions de l'incapable pour n'avoir égard qu'à celles du tuteur ou du curateur, et l'on accorde toujours l'action Paulienne quand ceux-ci sont complices de la fraude du débiteur. La raison en est que, les pupilles étant incapables de dol, à moins qu'ils ne soient *proximi pubertati*, il n'y aurait jamais lieu à intenter contre eux l'action révocatoire dans l'hypothèse d'actes à titre onéreux, et les créanciers se trouveraient ainsi à la merci des tuteurs ou curateurs.

Mais, d'un autre côté, s'il ne faut pas que les incapables profitent de la fraude de ceux qui administrent leurs affaires, il est juste également que cette même fraude ne leur porte pas préjudice. Aussi, dans le cas de complicité du tuteur ou du curateur, on n'accordera la *Pauliana* que jusqu'à concurrence du profit dont s'est enrichi le pupille ou le fou, *quatenus quid ad eum pervenit.*

Quand c'est avec l'incapable lui-même non autorisé que le débiteur a traité, l'acte est rescindable dans tous les cas, même lorsqu'il est à titre onéreux et qu'il n'y a aucune complicité à reprocher au tiers. *Si quid cum pupillo gestum sit, Labeo ait omnimodo revocandum, si fraudati sint creditores* (L. 6, § 10, h. t.). La raison en est, comme plus haut, que l'ignorance résultant de l'âge ne doit en aucune façon porter préjudice aux créanciers.

Pothier pensait cependant que la portée de cette règle n'était pas aussi étendue qu'elle le paraît au premier abord, et que son application devait se restreindre en définitive aux seuls actes à titre gratuit. C'est une erreur, je crois, et le seul contexte de notre loi suffit à le prouver. En effet, dans le paragraphe 8 de la loi 6, h. t., nous voyons d'abord Ulpien commencer par distinguer les actes à titre onéreux des dispositions gratuites. Pour les premiers il exige la complicité des tiers, pour les autres il reconnaît que la fraude du débiteur seul suffit. Puis, passant à l'hypothèse où il s'agit d'un pupille, il déclare, sans plus faire de distinctions, sans plus rechercher les intentions du tiers, que, d'après Labéon et d'après lui-même, l'*actio Pauliana* sera recevable dans tous les cas, *omnimodo revocandum*. Comment, en présence d'expressions aussi larges, faire encore des restrictions et établir des réserves? Il y a là évidemment un principe général, absolu, sans exception, et que la place seule de notre paragraphe établirait suffisamment, si d'ailleurs les mots ne résistaient pas à la distinction proposée. C'est donc avec raison que la doctrine de Pothier a été condamnée et rejetée par la généralité des auteurs [1].

Quand le complice du débiteur est un fils de famille, le père même de bonne foi est tenu de restituer tout ce que l'acte frauduleux lui a procuré; et, s'il est lui-même coupable de fraude, il sera soumis à l'action Paulienne, comme s'il était intervenu personnellement dans l'acte.

Les mêmes principes sont applicables à l'égard du maître et de l'esclave.

§ IV. — *Durée de l'action Paulienne.*

Les conditions que nous venons d'examiner n'étaient pas encore suffisantes pour donner ouverture à l'action Paulienne. Il fallait en outre qu'elle fût demandée dans le délai d'une année. Cette année était du reste de celles que l'on disait utiles, parce qu'on n'y comptait pas les jours néfastes, c'est-à-dire ceux où le magistrat ne siégeait pas. Au surplus, la nature de l'action révocatoire, sa qualité d'action prétorienne, enfin le caractère pénal que nous avons prouvé lui appartenir, expliquent suffisamment la nécessité qu'elle fût intentée dans la courte période d'une année.

Mais quel était le point de départ de ce délai? Les commentateurs n'ont pas toujours été d'accord sur cette question, et

1. DONEAU, XXIII, 18, 9.

aujourd'hui elle divise encore la doctrine. Dans une première opinion, le délai courrait du jour de l'acte frauduleux. Dans un autre système que je crois plus fondé, l'année ne commencerait que du jour de la vente des biens. Et en effet, puisque cette vente est le préliminaire indispensable et obligatoire de l'action Paulienne, et que, d'un autre côté, c'est elle qui le plus souvent donnera l'éveil et provoquera l'examen de l'administration du débiteur, n'est-il pas tout naturel que sa date soit la date même du jour où courra la prescription? Du reste, les textes sont formels à cet égard. *Intra annum quo experiundi potestas fuerit, actionem dabo*, dit le préteur, et, dans la loi 10, § 18, Ulpien déclare encore plus nettement que l'année comptera du jour de la vente des biens. *Annus computabitur ex die venditionis bonorum.* On a peine à comprendre que des lois d'une telle précision n'aient pas suffi à lever tous les doutes et à couper court aux controverses.

Tout le monde reconnaît d'ailleurs qu'il existait des cas où l'action ne pouvait plus être intentée même avant que l'année fût écoulée. Je citerai à titre d'exemple l'espèce de la loi 23 de notre titre. Titius, qui possédait une créance contre Sempronius, lui en fait frauduleusement remise. La créance était soumise à un terme extinctif, mais ce terme n'était pas encore arrivé lors de l'acceptilation. Les créanciers lésés pourront-ils demander l'annulation de l'acte? Oui, mais à une double condition : d'abord que l'année utile de l'édit ne sera pas encore expirée; ensuite, que le terme extinctif ne sera pas non plus échu, car autrement, nous arriverions à ce résultat bizarre que, par l'effet de l'action Paulienne, une obligation continuerait de subsister à une époque où elle aurait cessé d'exister, si tout s'était passé régulièrement, sans dol ni fraude.

Après l'expiration de l'année, l'action ne se donnait plus que *de co quod pervenit ad quem moretur, dolove malo factum est quominus perveniret.* On ne comprendrait pas en effet que le dol fût en aucun temps pour son auteur l'occasion d'un bénéfice quelconque.

CHAPITRE III.

A QUI ET CONTRE QUI SE DONNE L'ACTION PAULIENNE.

La réponse à cette double question se trouve déjà dans le cours de nos explications précédentes. Il nous suffira ici de rappeler quelques principes de notre matière, tout en insistant sur les détails nécessaires, et en complétant notre énumération.

I. Et d'abord à qui se donnera l'*actio Pauliana*? Évidemment à ceux-là seuls qui auront souffert du dol de leur débiteur. Encore savons-nous que, même parmi eux, il pourra s'en rencontrer qui ne jouiront pas du droit d'intenter l'action. Tels seraient ceux à qui le tiers, dont la complicité est exigée pour qu'il y ait lieu d'accorder la Paulienne, ne savait pas devoir porter préjudice en traitant frauduleusement avec le débiteur.

Ainsi Titius, qui connaît le mauvais état de ses affaires, n'en consent pas moins à échanger ses immeubles contre un bien d'une valeur de beaucoup inférieure. Seius, à qui l'offre est faite, sait quelles intentions mauvaises servent de mobile à l'acte qui lui est proposé; il sait que l'insolvabilité du débiteur va être encore augmentée, que ses créanciers Primus et Secundus seront dans l'impossibilité de se faire rembourser les sommes qu'ils ont prêtées; il le sait, et néanmoins il passe outre, il consent l'acte. Pourra-t-il être poursuivi? Assurément oui, car dans l'espèce vous rencontrez tous les éléments de l'action Paulienne. Mais qui pourra demander cette action? Non pas tous les créanciers de Titius; mais Primus, mais Secundus seulement, seulement ceux dont Seius savait léser les droits en contractant avec leur débiteur. Quant aux autres dont il ignorait l'existence ou auxquels il espérait du moins ne pas porter préjudice, ils n'obtiendront en aucun cas la *Pauliana* ; et, s'ils arrivent à profiter de la révocation de l'acte frauduleux, ce ne sera qu'indirectement et comme par un détour, ainsi que nous le verrons au chapitre suivant.

Si donc les créanciers que l'on savait devoir tromper ont été désintéressés, toute poursuite sera rendue impossible contre le tiers contractant, à moins pourtant que ces créanciers n'aient été payés dans le but avoué de fermer tout recours aux autres.

Il est également probable qu'au cas où de l'argent aurait été emprunté pour acquitter les créances de ceux qui auraient droit à l'action révocatoire, cette action appartiendrait aussi aux prêteurs, en vertu d'une espèce de subrogation (L. 10, § 1).

Au reste, il importe peu que les créanciers, à l'égard desquels on savait le préjudice exister, fussent hypothécaires ou simplement chirographaires. Les uns et les autres ont droit à l'action Paulienne dès lors qu'ils ont été trompés. Les doutes que l'on a émis sur la possibilité d'accorder ce moyen de défense aux premiers d'entre eux ne me semblent nullement fondés. Outre qu'ils n'ont pu être appuyés sur aucun texte, et qu'il est certain au contraire que le préteur ne faisait aucune distinction dans son édit ; ne serait-il pas bizarre qu'on laissât sans défense contre la fraude du débiteur ceux-là mêmes qui n'auraient rien épargné pour sauver leurs droits, et à qui aucune négligence ne serait imputable ? De plus, comme le fait judicieusement remarquer Voët, l'hypothèque est un droit qui ne peut jamais nuire à celui qui en est investi, auquel il lui est permis de renoncer, et qui n'a pu, dans tous les cas, lui enlever la qualité de chirographaire. Je crois donc que, quand ils jugeront utile de la demander, les créanciers hypothécaires obtiendront l'action révocatoire.

Cette action appartiendra encore aux héritiers du créancier, car elle faisait partie de ses biens et a dû passer avec ceux-ci aux mains des personnes qui recueilleront la succession.

Elle ne se donnera jamais au contraire aux successeurs du débiteur, car d'abord ils ne sont pas créanciers; de plus leurs droits s'ouvriront postérieurement à l'acte frauduleux, et enfin ils ne sont que des ayants-cause à qui il n'est pas possible d'accorder plus de droits qu'à leur auteur. On devrait appliquer cette règle, même au cas où le créancier *fraudatus* serait devenu l'héritier du débiteur; son droit se trouverait en effet éteint par confusion *(L. 4, C. De rev. his quæ in fraud. cred.).*

Quant au point de savoir qui exercera la *Pauliana*, nous nous contenterons de dire que, sous la république et dans les premières années de l'empire, ce soin revenait le plus souvent au *Magister.* Plus tard, à cette époque où la *distractio bonorum* se substitua à l'*emptio bonorum* comme moyen d'exécution forcée, la même mission fut confiée au *Curator.* On peut remarquer que ce dernier est spécialement mentionné par l'édit du préteur, tel que nous le lisons dans la compilation de Justinien; très-probablement existe-t-il là une interpolation des commissaires de cet empereur dans le but de faire concorder les termes de l'édit avec la législation en vigueur de leur temps.

II. Contre qui se donne l'action Paulienne ? Nous avons déjà cité un grand nombre de ceux qui en étaient passibles. Il nous suffira de rappeler les créanciers à titre gratuit ; ceux à titre onéreux, quand ils étaient de mauvaise foi ; la femme dotée ; son mari, mais à la condition qu'il eût pris part à la fraude du constituant ; le père et le maitre ; le mandataire et le gérant d'affaire; le fidéjusseur, tous, pourvu qu'ils fussent aussi *participes fraudis.*

Les héritiers de toutes ces personnes étaient également soumises à l'*actio Pauliana* : tantôt jusqu'à concurrence du profit qu'ils avaient retiré de l'acte frauduleux, car la *Pauliana* pouvait être rangée parmi les actions pénales, et il est constant que *ex maleficiis penales actiones in heredem rei non competere ;* tantôt pour la totalité du préjudice souffert par les créanciers, et comme s'ils avaient directement traité eux-mêmes avec le tiers , car, quoique pénales, les actions *si ab ipsis principalibus personis fuerint contestatæ* , contra *heredes transeunt*. (*Inst.* Just., L. IV., T. XI., § 1).

Les sous-acquéreurs pouvaient aussi être recherchés par les créanciers , mais il fallait , si du moins l'acte était à titre onéreux, qu'ils fussent convaincus de dol. Cette condition n'était pas au contraire nécessaire pour les actes à titre gratuit. Ils étaient donc traités comme les acquéreurs principaux eux-mêmes, et on raisonnait à leur égard de la même manière que pour ces derniers. Quelques auteurs avaient cependant pensé qu'au cas où le premier acquéreur aurait été passible de l'action révocatoire, tous ceux qui tiendraient leurs droits de lui, quelles que fussent d'ailleurs leurs opinions personnelles , seraient également soumis aux poursuites des créanciers. C'était une application rigoureuse de la maxime *nemo plus juris ad alium transferre potest quam ipse habet*. L'opinion contraire avait prévalu dans la doctrine et non sans raison, car, comme le remarque Paul, il y aurait injustice à me rendre responsable des fautes d'autrui, le dol ne devant jamais nuire qu'à son auteur.

Nous savons déjà que la constitution de dot, quand elle était frauduleuse , donnait lieu d'intenter l'*actio Pauliana* : 1° Contre le tiers constituant, 2° contre la femme , 3° contre le mari lui-même, mais à la condition que sa complicité dans le dol fût prouvée. Le père de la femme était également tenu de l'action révocatoire, mais seulement s'il avait connu la fraude du tiers constituant. *Si non ignoraverit*, dit la loi 25, § 2, *h. t.*

Quelques auteurs pensent même que la fraude du père ne serait plus exigée, quand il s'agirait de restituer la dot. Cette condition n'est requise dans notre loi, disent-ils, que parce que, dans l'espèce prévue, le mariage dure encore au moment où s'intente l'action, et qu'en conséquence il n'est possible d'exiger du chef de famille qu'une simple promesse de restitution. C'est une erreur et, après comme avant la dissolution du mariage, je crois que la condition de fraude serait toujours nécessaire pour que l'action pût être demandée avec succès contre le père. Remarquons en effet la position de ce dernier. Est-ce à proprement parler un acquéreur à titre gratuit, un donataire ? En aucune façon ; car la dot qui lui sera remise, il devra la conserver pour faciliter un nouvel établissement de son enfant ; il devra la rendre lors de ce second mariage. Il se rencontre donc ici quelque chose d'analogue à ce que nous avons vu se produire pour le fidéjusseur, à qui remise est faite du cautionnement. Il y a profit sans doute, mais profit indirect, profit par voie de détour, profit insuffisant pour faire considérer et traiter celui qui le recueille comme un véritable donataire. Je crois donc que la restriction apposée à la loi par certains commentateurs doit être rejetée, et qu'on doit entendre le texte dans ce sens large, que l'action Paulienne ne se donne jamais contre le père, s'il n'y a pas eu complicité de sa part.

Pour terminer l'énumération des personnes que pouvait atteindre l'action des créanciers, je n'ai plus qu'à citer le débiteur lui-même. C'était chose remarquable que la *Pauliana* pût être dirigée contre lui ; car, puisque ses biens avaient été vendus et que les créanciers s'étaient partagé jusqu'aux derniers débris de sa fortune, puisque, d'un autre côté, sa personnalité juridique avait été comme détruite et qu'en lui avait commencé à vivre une personne pour ainsi dire nouvelle, on aurait pu penser qu'il était à la fois illogique et cruel de le laisser exposé à de nouvelles poursuites pour les faits de son administration passée. Quelques jurisconsultes, touchés de ces raisons, avaient déclaré qu'à leur avis toute action devait être refusée aux créanciers, *post venditionem bonorum*.

Mais l'opinion contraire avait prévalu, et à bon droit. En effet, il n'était pas d'abord vrai de dire qu'il y avait eu changement de personnalité chez le débiteur, car, après la vente, ce dernier continuait à être ce qu'il avait été auparavant, même homme, même personne juridique, même agnat, même gentil, même patron, et il perdait si peu tous ces titres, qu'il pouvait s'en prévaloir dans la suite, pour figurer dans des successions auxquelles étaient seuls appelés ceux jouissant de toutes ces qualités. Le seul changement qui s'opérât en lui avait trait aux droits pécuniaires, à l'universalité des biens vendus.

Et encore, remarquons-le, c'était seulement d'après le droit honoraire que cette modification s'effectuait. Quant au droit civil, le débiteur ne cessait pas un moment d'être ce qu'il avait toujours été, aucun changement n'était apporté à sa personne. Les actions civiles subsistaient en lui ou contre lui, le préteur ne les détruisait pas; il ne faisait qu'en arrêter, qu'en suspendre l'exercice. Pourquoi donc, si plus tard les circonstances l'exigeaient, pourquoi n'aurait-il pas permis de les reprendre une nouvelle fois? Le débiteur ne pouvait-il pas se placer dans une condition telle qu'il fût juste et nécessaire même de laisser intenter de nouveau ces actions contre lui? Supposons, par exemple, que Titius, dont les biens ont été vendus, et qui n'a donné à ses créanciers qu'un très-faible dividende, parvienne dans la suite à reconstituer sa fortune. Loin de profiter des faveurs du sort pour chercher à compléter le payement de ses anciennes dettes, il gaspille les biens qu'il a recueillis, il les répand en libéralités, et, après quelque temps d'une vie de prodigalités, il tombe de nouveau dans une ruine complète. Qui songerait dans de telles circonstances à reprocher au magistrat de laisser reprendre, contre ce débiteur sans loyauté, les anciennes actions dont la *venditio bonorum* n'avait que suspendu l'exercice? Sans doute, l'*actio Pauliana* n'aura plus ici pour effet de procurer aux créanciers la distribution d'un nouveau dividende, car nous avons supposé que tous les biens avaient été dissipés; mais du moins la mauvaise foi du débiteur ne restera-t-elle pas sans punition; et, par ce motif même qu'il ne pourra remplir intégralement les obligations dont l'exécution est réclamée, les voies d'exécution sur la personne seront ouvertes contre lui, il su-

bira l'emprisonnement, et l'on n'aura pas ainsi ce regrettable
et dangereux spectacle d'un homme une première fois failli,
acquérant de nouveaux biens, les dissipant encore, et vivant,
malgré tout, dans une insolente impunité.

Ce n'était donc pas sans raison, ni sans motif légitime, que
le magistrat romain avait réservé l'exercice de la *Pauliana*
contre le débiteur lui-même; et l'autorisation qu'il accordait
d'intenter cette action dans les circonstances que nous venons
de faire connaître et dans celles analogues, n'avait rien qui
ne fût conforme tout à la fois à l'équité et aux principes du
droit positif.

CHAPITRE IV.

EFFETS DE L'ACTION PAULIENNE.

Le but de l'action Paulienne nous est connu, c'est la réparation du préjudice causé aux créanciers par la fraude du
débiteur, c'est la restitution de leurs droits. Le moment est
venu de rechercher par quels moyens ce but était atteint et de
fixer les restrictions que le préteur avait cru devoir apporter,
dans l'intérêt des tiers, au rétablissement complet de l'ancien
état des choses.

Ce sujet peut se diviser en deux parties, selon la nature
personnelle ou réelle des droits qu'il s'agissait de sauvegarder.
Pour les premiers, pour les droits de créance, rien de plus
facile à déterminer que les effets de la *Pauliana*, et l'on peut
sans aucune réserve leur appliquer cette remarque d'Ulpien :
*Generaliter sciendum est, ex hac actione restitutionem fieri
oportere in pristinum statum.* Supposons par exemple que le
débiteur a frauduleusement contracté une nouvelle obligation ;
le créancier sera tenu d'en faire *acceptilatio*, et s'il s'y refuse,
on lui refusera également toute action en justice pour faire
valoir son droit. Ainsi, qu'on veuille bien le remarquer, ce

n'est pas la marche ordinaire en pareil cas qui est ici suivie, ce n'est pas une action que l'on accorde, sauf à la paralyser par une exception de dol ; on procède plus brièvement, on dénie la formule elle-même, tout comme s'il s'agissait d'une nullité de droit civil.

Prenons l'hypothèse inverse. Primus, dans une pensée de fraude, a fait remise d'une dette à l'un de ses débiteurs ; ce débiteur devra s'engager une nouvelle fois, l'ancienne obligation renaîtra et avec la même étendue, les mêmes modalités, avec sa condition ou son terme, si elle était à terme ou sous condition. Il y a plus, les intérêts seront censés n'avoir pas cessé de courir pendant l'intervalle de *l'acceptilatio fraudulosa* au rétablissement de la créance, mais à la condition, bien entendu, que cette créance fût productive d'intérêts soit par suite de stipulation, soit à cause de sa nature. On le voit donc, pour ce qui concerne les obligations, les effets de l'action Paulienne sont absolus, la restitution est *in integrum*, l'acte frauduleux est annulé jusque dans ses dernières conséquences.

En est-il de même en matière de droits réels, et la réparation accordée aux créanciers va-t-elle être aussi complète? Cette question, une des plus difficiles de notre sujet, a soulevé les plus vives controverses, et divise aujourd'hui encore les meilleurs esprits. Il existe cependant un certain nombre de points sur lesquels les interprètes du droit romain sont tous d'accord, et qu'il convient de faire connaître immédiatement.

Il est d'abord certain que le tiers devra rendre les fruits perçus depuis la *litis contestatio*, car il est juste que les créanciers ne souffrent pas des lenteurs apportées dans l'administration de la justice. Il devra également restituer tous ceux pendants par branches et par racines lors de l'aliénation, quel que fût du reste leur degré de maturité ; *etiamsi de his senserit qui maturi fuerint, nihilo magis possessionem restitui oportere.* La raison qu'en donnent les jurisconsultes romains, c'est que ces fruits ont été aliénés comme le fonds lui-même, avec l'intention de frauder.

Mais que penser des fruits formés et perçus dans l'intervalle de l'aliénation à la *litis contestatio*? Y a-t-il lieu de les exiger comme les précédents? Faut-il au contraire les laisser au tiers acquéreur? Chacune de ces opinions se trouve consacrée, au moins en apparence, dans le recueil de Justinien. D'une part en effet, nous voyons la *Pauliana* assimilée par Paul aux actions Favienne et *quod metus causa*, à l'interdit *unde vi*. Or c'est un point admis sans controverse que cet interdit et ces actions ont pour résultat de faire restituer l'objet avec tous ses fruits. Les textes sont aussi nombreux qu'affirmatifs à cet égard. Que l'on consulte notamment la loi 12, pr. D. *Quod metus causa*, la loi 1, § 40, D. *De vi*, et dans le titre *Si quid in fraudem patr.* la loi 1, § 28 et la loi 2. Ulpien semble bien être aussi de l'avis de Paul, car, dans la loi 20 de notre titre, il déclare sans aucune restriction que les fruits doivent être rendus. et non-seulement ceux qui ont été perçus, mais même ceux qui ayant pu l'être ne l'auront pas été : *et fructus non tantum qui percepti sunt, verum etiam hi qui percipi potuerunt a fraudatore veniunt.* Il ajoute également dans le paragraphe suivant, sans faire encore aucune distinction que, d'après lui, le part doit être restitué. Enfin, c'est encore à lui que j'ai emprunté la décision dont j'ai parlé plus haut, et en vertu de laquelle le débiteur d'une obligation productive d'intérêts ne doit pas seulement le montant du capital, mais aussi les intérêts qui n'ont pas cessé de courir malgré *l'acceptilatio.* Voilà donc qui est bien certain; d'après Ulpien, d'après Paul, le tiers doit faire remise de tous les fruits, de tout le part, de tous les intérêts, et je ne vois pas qu'aucun de ces deux auteurs distingue entre les fruits venus depuis l'aliénation ou ceux déjà formés à la même époque.

Comment se fait-il donc que, dans la loi 25, § 4, Venuleius permette au tiers attaqué par les créanciers de garder tous les fruits autres que ceux existant lors de l'aliénation, ou ceux cueillis depuis la *litis contestatio*? Comment le même auteur peut-il encore distinguer, lorsqu'il s'agit des enfants d'une es-

clave, entre ceux dont elle était enceinte au temps de l'aliénation ou dont elle est accouchée *a lite contestata*, et ceux dont
l'accouchement et la conception ont eu lieu dans le temps in-
termédiaire ? Comment peut-il n'exiger que la restitution des
premiers et déclare-t-il que pour les autres le tiers n'en devra
aucun compte au débiteur ? Evidemment ces décisions sont
en opposition avec celles de Paul et d'Ulpien, mais la contradiction ne serait-elle pas qu'apparente ? Ne pourrait-on pas arriver à concilier entre elles toutes ces propositions ? On l'a
tenté à plusieurs reprises et de manières diverses. Je me
contenterai de rapporter les deux opinions les plus accréditées.

Dans un premier système soutenu par de nombreux auteurs et notamment par Voët, les lois 10, §§ 20, 21, 22, *Quæ in
fraud. cred.* et la loi 38, § 4, *De usuris*, prévoiraient le cas d'un
acquéreur de mauvaise foi , tandis que la loi 25 , § 4 de notre
titre supposerait un acquéreur de bonne foi; de telle sorte
que la doctrine du droit romain pourrait se résumer en cette
cette idée : que les tiers *non fraudis participes* feraient siens
tous les fruits survenus depuis l'aliénation et perçus avant la
litis contestatio, tandis que les tiers complices de la fraude
seraient tenus à la restitution de tous les fruits, même de ceux
qu'ils auraient manqué de percevoir.

Cette théorie est assurément très-ingénieuse, et si cette
qualité pouvait suffire pour faire admettre un système, celui
de Voët rallierait certainement à lui toutes les opinions. Mais,
dans la science du Droit, il faut que les explications données
au sujet d'une difficulté soient en conformité avec les textes
et ne laissent aucun point dans l'obscurité. Or, pour peu que
l'on réfléchisse à la théorie que je viens de faire connaître, on
découvre qu'elle ne s'appuie en définitive sur aucune loi, qu'elle
est même en opposition avec l'esprit de celles qu'elle a la prétention de concilier, et, ce qui est encore plus grave, qu'elle
heurte les principes les plus avérés que nous possédions sur
la législation romaine. En effet, il est constant que cette dis-

tinction des défendeurs de bonne ou de mauvaise foi n'a lieu que dans les actions *in rem*, et nous avons établi, au début de cette étude, que l'action Paulienne, dont il est traité au Digeste, est et n'a jamais été qu'une action *in personam*. Je vais plus loin, je dis que cette distinction, s'appliquât-elle en général aux actions personnelles, n'en devrait pas moins être écartée dans l'hypothèse présente. Qu'on veuille bien en effet considérer le motif allégué par Venuleius dans la loi 25, pour autoriser le tiers à conserver les fruits formés et perçus dans l'intervalle de l'aliénation à la *litis contestatio*. Ce n'est pas l'absence de complicité, ce n'est pas la bonne foi; le mot ni l'idée ne se trouvent même pas mentionnés; c'est uniquement à cause de cette circonstance que ces fruits n'ont jamais fait partie du patrimoine du débiteur. De même pour Ulpien et pour Paul, s'ils exigent que tous les produits du fonds soient restitués, ce n'est pas pour d'autre raison que celle-ci : il faut donner aux créanciers réparation complète, il faut effacer toutes les conséquences de l'acte frauduleux. Quant au dol et à la complicité de l'acquéreur, il n'en est pas plus question dans leurs fragments que de bonne foi ou d'innocence dans le texte de Venuleius. Laissons donc de côté cette prétendue distinction qui ne semble, à tout considérer, qu'une pure invention, et, puisqu'il s'agit d'une controverse sur le droit romain, rappelons-nous cette maxime que j'emprunte à cette législation même et qui défendait de distinguer là où la loi ne distinguait pas; *ubi lex non distinguit nec nobis distinguendum*.

Cujas a proposé une autre conciliation qui me paraît plus rapprochée de la vérité, si elle n'est pas la vérité même (*Ad leg.* 96, *pr. de solut.*). Elle consiste à faire remarquer que si, —ce qui n'est pas douteux— Ulpien s'occupe de l'action Paulienne, Venuleius au contraire ne traite que de l'interdit fraudatoire; et la preuve en est dans l'intitulé même du fragment de cet auteur. Or tout le monde sait qu'en matière d'interdits, les fruits ne doivent être rendus que du jour où l'ordre

4

de restitution a été formulé[1]. Il n'y a donc pas lieu de s'étonner
que le jurisconsulte permette au tiers de garder tous les
produits qu'il a perçus avant le *judicium inchoatum*, sauf
cependant, bien entendu, ceux qui ont été aliénés frauduleusement en même temps que le fonds lui-même ; ce n'est là en
définitive que l'application du droit commun.

Cette explication n'est pas seulement judicieuse, je la crois
juste, en dépit des critiques dont elle a été l'objet. La principale objection qui ait été faite contre elle c'est que Venuleius
emploie mainte et mainte fois le mot *action* et qu'il ne se sert
jamais au contraire du mot *interdit*. Mais oublie-t-on que
l'interdit donnait quelquefois lieu à une action, que c'était
même ce qui, dans la pratique, devait se produire le plus souvent ? Oublie-t-on que, lorsque l'ordre émané du préteur et
qui constituait l'interdit n'était pas suivi d'exécution, le demandeur obtenait du magistrat une action pour faire respecter ses droits et punir la violation de l'interdit ? Comment
s'étonner dès lors que le jurisconsulte romain dans cette
partie de son traité ait fait usage du terme *actio* ? En somme,
il m'a toujours paru que l'explication de Cujas était conforme à la vérité, et c'est à elle que je crois devoir m'en
tenir.

Je n'ai plus, pour terminer l'examen des effets de la *Pauliana*,
qu'à faire connaître les droits réservés au tiers acquéreur
évincé de l'objet frauduleusement aliéné. Il est évident en
premier lieu qu'il pourra se faire tenir compte du montant de
toutes les dépenses nécessaires. La décision contraire ne serait
en effet rien moins qu'équitable, et il serait par trop choquant
qu'une action introduite dans un but d'équité conduisît à des
conséquences aussi injustes. Le tiers pourra donc exiger tout
ce qu'il aura dépensé pour la conservation de la chose. Il en
sera de même de toutes autres dépenses, quelle que soit leur

---

1. L. 3, D. *De interd.* Il existe cependant une exception pour l'interdit
unde vi, mais c'est la seule.

nature, pourvu qu'elles aient été faites du consentement des créanciers. *Non prius cogendus est rem restituere quam si impensas necessarias consequatur, idemque erit dicendum, et si alios sumptus ex voluntate fidejussorum creditorumque fecerit* (L. 10, § 20, *h. t.*).

Restent les dépenses utiles. Les textes ne signalent quant à elles aucune dérogation au droit commun. Je crois donc qu'il faut ici faire application des règles ordinaires en matière de revendication et décider en conséquence, que si l'acquéreur a été de mauvaise foi, il n'aura que le droit d'enlever tout ce qu'il pourra, sans détériorer la chose et sans la réduire à un état inférieur à celui qu'elle possédait lors de l'aliénation. Si, au contraire, il était de bonne foi, il pourra réclamer soit la plus-value, soit seulement le montant de ses dépenses suivant l'intérêt de ses créanciers.

Lorsque l'acquisition avait été faite à titre onéreux, le tiers n'avait pas le droit de retenir l'objet frauduleusement acquis jusqu'au remboursement de son prix d'achat. C'était du moins l'avis des Proculiens, et nous le trouvons consacré au Digeste, L. 7 de notre titre. Il paraîtrait même que le prix ne devait être rendu qu'autant qu'il se trouvait en nature dans les biens du débiteur. C'est ce qui semble résulter de la loi 8 *h. t.* J'admettrais cette décision dans l'hypothèse d'un échange et je comprendrais que, si l'immeuble donné par l'acquéreur eût péri au moment d'intenter l'action Paulienne, les créanciers n'eussent rien à restituer ; mais j'ai peine cependant à croire que la même théorie s'appliquât au cas de vente, et que l'acheteur fût sans aucun droit, si les mêmes écus qu'il avait donnés ne se retrouvaient pas en nature dans la caisse du débiteur. Si peu favorable que puisse paraître le tiers acheteur, il me semble qu'une pareille sévérité de la part du législateur serait excessive et dépasserait dans tous les cas le but de l'action Paulienne. S'il ne faut pas que le dol profite au tiers, pourquoi profiterait-il aux créanciers ? Ne suffit-il pas qu'il ne leur soit pas préjudiciable ?

Je proposerai donc d'entendre le texte de Venuleius dans ce sens que, si l'argent a été dissipé ou perdu, on ne devra rien restituer à l'acheteur, mais que ce dernier pourra au contraire réclamer tout ce dont le patrimoine du débiteur se trouvera enrichi au moment du procès par suite de la somme qu'il y a versée, et quand même les mêmes pièces de monnaie devraient ne pas se retrouver dans leur identité. En un mot, j'appliquerai à notre matière les mêmes principes qui régissent la restitution d'un mineur contre une vente faite sans l'autorisation de son tuteur.

Quand l'immeuble était rentré dans les biens du débiteur, il était vendu suivant les formes ordinaires, et le prix en était distribué aux créanciers. Que si ces derniers une fois payés, il restait encore des valeurs dans la succession, elles étaient restituées à ceux qui se trouvaient avoir été dépouillés par la *Pauliana*, car cette action, comme nous le savons, n'avait été introduite qu'en faveur des créanciers, et ne pouvait, en conséquence, avoir d'effet que dans la mesure de leur intérêt.

CHAPITRE V.

AFFRANCHISSEMENTS FAITS EN FRAUDE DES CRÉANCIERS.

Il ne nous reste plus qu'à parler d'une des dispositions de la loi Ælia Sentia pour terminer l'étude des divers moyens que la législation romaine créa successivement, dans le but de réprimer les fraudes du débiteur et de prévenir leurs funestes conséquences.

On sait que les esclaves formaient à Rome une partie notable de la fortune privée. Peu nombreuse dans les premières années de la fondation de la ville, leur classe s'était rapidement augmentée, grâce aux conquêtes multipliées du nouveau peuple, et, dans le dernier siècle qui précéda l'avénement de l'empire, elle avait atteint un chiffre égal, sinon supérieur, à celui des hommes libres.

Les affranchissements avaient suivi une progression analogue. Au sein de la république, comme le remarque avec justesse M. Ortolan, les mœurs et la force même des choses avaient, à défaut de lois, apporté des restrictions à la faculté d'affranchir. Mais plus tard, et à mesure que le nombre des esclaves s'accrut, on vit également s'augmenter celui des affranchis. Du reste, les motifs les moins raisonnables présidaient le plus souvent à ces actes solennels, qu'il importait cependant à l'empire de ne voir se produire que pour des causes sérieuses et légitimes.

C'est ainsi, qu'au dire des historiens, des milliers d'hommes passèrent de l'esclavage à la liberté pour combattre dans les dernières guerres intestines où disparut la république romaine. Ainsi, voyons-nous encore que de nombreux affranchissements avaient lieu par testament, sans autre motif que de faire suivre le char funéraire par un long cortége coiffé du bonnet de la liberté. Il paraît même que souvent, et avec la seule intention de léser ses créanciers, le débiteur faisait donner la liberté à ses esclaves.

Il n'entre pas dans mon sujet de faire connaître les nombreuses mesures qui furent successivement décrétées pour remédier à de pareils abus. Je dois me borner à parler des dispositions qui furent prises dans le but de punir le dol du débiteur en matière d'affranchissement, et d'empêcher que, par pur esprit de fraude, un homme ne compromît les droits de ses créanciers.

Ce fut la loi Ælia Sentia qui pourvut à cet intérêt. Décrétée dans les commencements du règne d'Auguste, en 757 [1], et sous le consulat d'Ælius Cato et de C. Sentius Saturnius, — d'où son nom d'Ælia Sentia, — cette loi fut assurément l'une des plus importantes de la législation romaine, et, à coup sûr,

1. SUÉTONE, *August.*, c. 40.

une de celles dont les jurisconsultes se préoccupèrent le plus. Elle contenait un grand nombre de chapitres. Heineccius en a compté jusqu'à seize : quatre , au moins, nous sont assez bien connus, notamment celui dont nous avons à nous occuper et qui avait trait aux affranchissements frauduleux.

Ces affranchissements étaient frappés de nullité ; on les réputait non existants : *is qui, in fraudem creditorum manumittit, nihil agit*, disent les Instituts , et cette vérité se trouve confirmée à plusieurs reprises dans le Digeste (Voir principalement les lois 26, 11 et 9, §5 du titre *Qui et à quibus manumissi liberi non fiunt*).

Il était, du reste, nécessaire qu'il en fût ainsi, car c'était un des principes du droit romain que la liberté était inaliénable, qu'elle était imprescriptible, qu'une fois donnée, elle ne pouvait être ravie[1].

Cette maxime demandait donc, pour être respectée, que la liberté fût censée n'avoir jamais été acquise, malgré la manumission.

Nous pouvons encore remarquer dans cette hypothèse quelle différence profonde séparait les moyens auxquels avaient recours le législateur et le préteur pour atteindre un but commun. Il s'agit, en effet, ici, de préserver les droits du créancier contre le dol du débiteur. Comment va opérer le législateur ? Il annule directement l'acte frauduleux, il le tient pour non avenu. Au contraire, le préteur, nous nous en souvenons , reconnait la validité en droit civil de cet acte coupable ; et , s'il arrive à en effacer les désastreuses conséquences , ce n'est qu'indirectement et par une voie détournée. Dans un cas, l'acte est nul, *ipso jure* ; dans l'autre, il n'est qu'annulable. C'est le perpétuel dualisme de l'*ipsum jus* et du droit honoraire.

Ceci n'empêchait cependant pas que les conditions requises

---

1. JUST., 3, 11, § 5. Il est bien entendu qu'il faut excepter les cas où l'esclavage était infligé à un citoyen comme punition.

par la loi Ælia Sentia pour annuler les affranchissements ne fussent les mêmes que celles exigées par le magistrat romain. Il fallait non-seulement le préjudice causé aux créanciers, mais encore la conscience de ce préjudice chez le débiteur, *consilium fraudandi et eventus*. Il est vrai que cette opinion n'avait pas, tout d'abord, été acceptée sans difficulté de la part de certains jurisconsultes ; comme on peut le voir dans la loi 10, au Digeste *Qui et à quibus manumissi liberi non fiunt*, mais elle avait cependant fini par prévaloir, et nous la trouvons formellement consacrée aux Instituts : *Tunc intelligimus impediri libertatem cum utroque modo fraudantur creditores, id est, et consilio manumittentis, et ipsa re, et quod ejus non sunt suffectura creditoribus*[1].

Les espèces proposées par les jurisconsultes, pour expliquer la nécessité de cette double condition du préjudice et du dol, sont assez curieuses, pour la plupart, et méritent qu'on en en cite, au moins, quelques-unes.

Théophile, notamment, nous en donne plusieurs dans son commentaire. Il suppose qu'un homme, possédant une maison à Constantinople, ne sache pas que sa demeure a été brûlée, et affranchisse un de ses esclaves. Cet affranchissement sera valable malgré l'insolvabilité dont il aura été la cause pour son auteur ; parce que, nous dit Théophile, il n'y a pas eu *consilium fraudandi*.

Gaïus cite une espèce analogue dans la loi 10, D. *Qui et a quib. manum. liberi non fiunt. Qui transmarinas negotiatione et aliis regionibus, quam in quibus ipsi morantur, per servo atque libertos exercent, sæpe adtriti istis negotiationibus, longo tempore, id ignorant, et manumittendo sine fraudis consiliis indulgent servis suis libertatem.*

Que déciderons-nous si le créancier vient à changer ? Ainsi, supposons que, débiteur de Primus, et connaissant mon insolvabilité, je n'en affranchisse pas moins, par testament, mon esclave Eros. Avant de mourir, je paie Primus, mais je con-

1. *Inst.*, L. 1, VI, § 3.

tracte une nouvelle dette envers Secundus. Ce dernier pourra-
t-il demander la nullité de l'affranchissement ?

Il faut distinguer : Si l'argent que je lui ai emprunté m'a
servi à désintéresser Primus, il sera subrogé aux lieu et place
de ce dernier, et jouira, comme lui, du droit de faire révoquer
l'acte [1]. Cette faculté lui sera au contraire refusée, si la somme
qu'il m'a fournie n'a pas été employée à payer Primus. C'est
du moins la décision de Julien, et la raison qu'il en donne me
semble parfaitement juste [2]. Car, dans l'espèce posée, dit-il, il
manque cette condition indispensable à la nullité de l'affranchissement, à savoir que le dommage et la fraude aient été
commis en vue d'une seule et même personne.

Le même jurisconsulte décide, au contraire, que le changement du débiteur ne saurait valider l'affranchissement fait
d'abord en fraude des créanciers [3]. Ainsi, Titius meurt, laissant un testament où la liberté a été frauduleusement donnée
à un esclave. Le legs sera-t-il valable ? Julien répond négativement. Il craignait, sans doute, que le maintien de la
manumission ne détournât l'héritier de faire adition. Il pensait
probablement aussi que, dans l'exemple discuté, il n'y avait
pas, à proprement parler, de changement de débiteur, car,
d'après les principes consacrés en matière de testament, l'héritier soutenait et continuait la personne du défunt, il était
censé s'identifier avec elle, et, s'il en avait accepté tous les
droits, il devait en subir toutes les obligations.

Cette idée, quoique exacte, en fait cependant naître une
autre qui, peut-être, conduirait à adresser des critiques mé-
ritées à la décision de Julien.

Ne pourrait-on pas dire, en effet, que, dans l'espèce de la
loi 5, *Qui et a quib. manum. liberi non fiunt*, l'*eventus damni* fait
défaut ? Car, s'il est vrai, comme on le dit et comme cela est,

1. L. 16, D. *Quæ in fraud. cred.*
2. L. 15, D. *Quæ in fraud. cred.*
3. L. 5, *Pr. qui et a quib. manum.* C'est également l'avis de GAIUS, L. 5,
De manum. testam.

que l'héritier, en acceptant la succession, en accepte toutes
les charges ; s'il est vrai que, par une fiction de la loi, il doive
être réputé le débiteur personnel de ce que devait le *de cujus*,
pourquoi, dès lors, annuler la manumission ? Est-ce que sa
validité porterait préjudice aux créanciers ? Assurément oui,
si nous supposons l'héritier insolvable ; mais, s'il est riche,
si sa fortune suffit, et au delà, à désintéresser tous les créanciers
de l'hérédité, on a vraiment peine à comprendre que, dans ce
cas, l'esclave n'acquière pas la liberté que lui avait léguée son
maître.

Il est une autre décision de Julien qui me semble pouvoir
encore donner prise à la critique. Cet auteur annule, en effet,
l'affranchissement ainsi conçu : Sois libre, Stichus, quand
tous mes créanciers auront été payés. En vérité, on se demande
où trouver ici une cause de nullité pour une pareille manumission ? Le testateur n'a évidemment pas eu pour but de
tromper ses créanciers. Il manque, dans l'espèce, le *consilium
fraudàndi* ; pour quelle raison alors ne pas accorder la liberté
à l'esclave ? J'ai d'autant plus de peine à comprendre cette
décision de la part de Julien, qu'il était de ceux aux yeux de
qui la loi Ælia Sentia ne devait recevoir son application qu'autant qu'on rencontrait cette double condition de la fraude et
du préjudice. Du reste, déjà dans l'antiquité, Gaïus avait
relevé cette contradiction de l'éminent jurisconsulte avec la
doctrine professée par Cassius, par Sabinus, et il aurait pu
ajouter par Julien lui-même[1].

Nous avons dit que les principes du droit romain ne per-
mettaient pas que la liberté frauduleusement léguée à un
esclave fût censée lui avoir jamais été acquise. Cependant, il
faut remarquer que, comme la nullité de cet affranchissement
n'était pas d'ordre public, il était nécessaire qu'elle fût demandée par les créanciers. L'action devait même être intentée
dans un certain délai, celui de dix ans[2]. Il est vrai que ce

1. L. 57, *De manum. testam.*
2. L. 16, § 3, *Qui et a quib. manum.*

terme n'est rapporté que dans une espèce particulière ; mais comme, dans le cas cité, il est appliqué au fisc, on a toute raison de penser qu'il devait , *a fortiori*, être étendu aux créanciers ordinaires.

Tant que l'affranchissement n'avait pas été annulé par le juge, les esclaves étaient rangés dans cette classe de personnes que l'on désignait sous l'expression de *statu liberi* , c'est-à-dire d'hommes libres sous condition ou à terme, ou plus généralement par destination. *Nam dum incertum est , an creditor jure suo utatur, interim statu liberi sunt.*

Toutefois, plus privilégiés que ne l'étaient la plupart de ces demi-affranchis, ils jouissaient , en fait , de toutes les prérogatives de la liberté, jusqu'à ce qu'un jugement vînt les rejeter dans la servitude.

Nous avons déjà fait observer qu'ici , comme pour l'action Paulienne, on ne rescindait que les affranchissements causant préjudice aux créanciers. Si donc, la liberté avait été léguée à plusieurs esclaves, on n'annulait parmi les manumissions que celles à partir desquelles avait commencé l'insolvabilité du débiteur.

Gaïus nous apprend que , d'après un sénatus-consulte rendu sous le règne d'Adrien, le chapitre de la loi Ælia Sentia, relatif aux affranchissements frauduleux , devint applicable aux *peregrini*; c'était là une disposition toute particulière, car il est certain que la plupart des autres chefs de cette même loi étaient restreints dans leur application aux citoyens romains.

Mais, soit qu'il s'agit de *cives*, soit qu'il s'agit de *peregrini*, il était un cas où il n'était jamais permis de faire tomber la manumission, c'était celui où le débiteur insolvable , prévoyant que sa succession serait répudiée, instituait un de ses esclaves son héritier, après lui avoir légué la liberté. Voici, à ce sujet, les explications fort claires que donne Justinien, dans ses Instituts (Liv. I, tit. vi, § 1) : *Licet autem domino, qui solvendo non est , in testamento servum suum cum libertate here-*

dem instituere, ut liber fiat, heresque ei solus et necessarius ; si modo ei nemo alius ex eo testamento heres extiterit. Idque eadem lege Ælia Sentia provisum est, et recte. Valde enim prospiciendum erat, ut egentes homines, quibus alius heres extiturus non esset, vel servum suum necessarium heredem haberent, qui satisfacturus esset creditoribus; aut hoc eo non faciente, creditores res hereditarias nomine servi vendant, ne injuria defunctus afficiatur.

Ainsi, la loi Ælia Sentia ne recevait pas ici son application, parce que, à proprement parler, il n'y avait pas eu fraude de la part du débiteur. Il avait moins cherché à tromper ses créanciers, qu'à s'épargner la honte d'une *renditio bonorum* faite en son nom, et l'infamie qui en serait résultée pour sa mémoire. Le but de cette exception nous fait du reste comprendre qu'elle était restreinte au seul cas, où il n'y avait aucun autre héritier que l'esclave affranchi; et que, si la succession avait été acceptée par une autre personne, il n'y avait pas lieu de respecter la manumission.

Une dernière question nous reste à examiner. Nous venons de voir que la loi Ælia Sentia fut promulguée sous le règne d'Auguste; d'un autre côté, nous avons constaté l'existence de l'action Paulienne, à l'époque de Cicéron : si ces propositions sont vraies l'une et l'autre, on peut se demander pourquoi le préteur n'avait pas étendu le bénéfice de son action aux affranchissements faits en fraude des droits des créanciers. Pourquoi cette restriction? En quoi une loi était-elle nécessaire? Plusieurs solutions ont été proposées à cette difficulté, je ne crois pas utile de les rapporter ici; j'ai, du reste, exposé une des plus accréditées, celle d'après laquelle Cicéron ne faisait pas allusion à l'*actio Pauliana*, dans le passage de la lettre que nous avons rapportée et commentée. Cette doctrine a déjà été réfutée plus haut, et il me suffira de renvoyer aux explications que j'ai fournies.

A mon avis, la véritable réponse à la question que nous agitons se rencontre dans cette considération, que le magistrat romain, tout entreprenant et tout hardi qu'il fût dans la tâche qu'il s'était imposée, d'améliorer, de compléter, de corriger le droit civil, *adjuvandi, vel supplendi , vel corrigendi juris civilis gratia*, n'avait cependant pas osé déclarer nul un affranchissement qui, d'après les règles de l'*ipsum jus*, n'était entaché d'aucune nullité.

Tant qu'il ne s'était agi que d'intérêts pécuniaires, il avait bien pu rescinder les actes frauduleux du débiteur ; mais, en matière de liberté, pour tout ce qui touchait au droit le plus sacré de la personne humaine, le courage lui avait manqué, et il n'avait pu se décider à traiter en esclave celui que les lois, les plébiscites, les sénatus-consultes reconnaissaient et proclamaient homme libre.

En vain, dirait-on que, dans d'autres circonstances, il avait usé de moins de réserve , et qu'il n'avait pas craint , notamment, d'accorder la possession de biens *contra tabulas*, même dans le cas où le testament contenait des affranchissements.

Pour faire tomber cette objection , il suffit de remarquer qu'à l'époque où nous nous plaçons , au commencement de l'empire, il est très-possible , sinon certain, que le préteur n'accordât pas encore la *possessio contra tabulas cum re* ; qu'il ne la donnât, au contraire, dans le cas où il combattait le droit civil, que *sine re*. Notre explication reste donc entière, et rien ne s'oppose à ce qu'elle soit admise.

Pour la compléter, nous ajouterons que ce qu'un simple magistrat n'avait pas osé, le législateur l'exécuta, la loi Ælia Sentia l'accomplit ; et ce fut ainsi que, soit par la nouvelle loi, soit par l'action Paulienne, on parvint à donner aux créanciers une garantie aussi complète que possible contre les malversations frauduleuses de leur débiteur.

DROIT FRANÇAIS.

DE L'AUTORITÉ DE LA CHOSE JUGÉE
EN MATIÈRE CIVILE.

INTRODUCTION.

Il n'est pas besoin de longs développements pour établir l'utilité et la nécessité de considérer et de traiter la chose jugée comme l'expression suprême de la vérité ; c'est un de ces principes dont dépend l'ordre social, et sans lesquels l'état des personnes et des biens serait abandonné à une incertitude indéfinie.

Le magistrat n'est assurément pas infaillible ; mais s'il peut s'être trompé, il peut également avoir bien décidé. Qui jugera son jugement ? Qui décidera que telle sentence doit être approuvée, telle autre rejetée, et où s'arrêtera-t-on dans la voie des réformations, si l'on a cette prétention de donner aux décrets de l'homme la perfection qui n'appartient qu'à Dieu ? Mieux vaut, à coup sûr, accepter une décision que l'on croit erronée ou même fondée sur la prévarication du juge, plutôt que de livrer à l'arbitraire le repos des familles et le maintien de la sécurité publique. *Singulis controversiis singulas actiones unumque judicati finem sufficere, probabili ratione placuit ; ne aliter modus litium multiplicatus summam atque inexplicabilem faciat difficultatem, maxime si diversa pronuntiarentur : parere ergo exceptionem rei judicatæ frequens est* [1].

Aussi, ne faut-il pas s'étonner qu'à toutes les époques, et chez tous les peuples civilisés, l'autorité de la chose jugée ait été universellement consacrée. On connaît dans l'antiquité le

1. L. 6, *De Ex. rei jud.*

bel exemple de Socrate préférant mourir que de violer les lois de son pays et de désobéir au jugement le plus inique[1]. A Rome également, il était reçu que les décisions du magistrat devaient être regardées comme la vérité même : *res judicata pro veritate accipitur*, et les écrits des jurisconsultes romains nous offrent les plus nombreuses applications de cette maxime.

Le même principe a été adopté par les peuples modernes. En France particulièrement, nous le trouvons élevé au rang d'une présomption légale (art. 1350), et les rédacteurs du Code Napoléon en ont déterminé les éléments constitutifs dans cet article 1351 : « L'autorité de la chose jugée n'a lieu qu'à l'égard de ce qui a fait l'objet du jugement ; il faut que la chose demandée soit la même, que la demande soit fondée sur la même cause, que la demande soit entre les parties et formée par elles et contre elles en la même qualité. »

Malheureusement le législateur français s'est borné à ces indications trop succinctes pour une matière aussi importante. A peine trouvons-nous quelques autres articles du Code civil et du Code de Procédure où il soit encore traité des effets de la chose jugée. Voir notamment les articles 800, 2052, 2056, 2157, 2215 C. N., et dans le Code de Procédure, les art. 171, 362, 469, 478.

De leur côté, les orateurs chargés d'exposer les motifs du titre des obligations se sont contentés, quand ils furent arrivés à l'art. 1351, d'en donner une simple lecture, sans fournir aucune explication, sans entrer dans aucun développement. Ce silence absolu des interprètes officiels du Code, joint au laconisme dans lequel s'est renfermé le législateur lui-même, a ouvert le champ aux controverses les plus graves, et a donné lieu, dans la pratique, comme dans la

1. PLATON, *Dial. de Criton.*

théorie, aux difficultés les plus nombreuses. On croirait
même, en voyant la multiplicité des systèmes qu'une même
question a fait naître, la variété des décisions que les tribunaux ont consacrées, et aussi les longues et savantes disser-
tations spéciales à notre matière, on croirait que le sujet de
cette étude constitue l'une des théories les plus ardues de
notre législation.

Cependant, si l'on veut bien conserver toujours présents à
la mémoire les principes élémentaires du droit français, si,
d'un autre côté, l'on prend soin de remonter à la jurisprudence romaine qui doit être ici le complément rationnel et
nécessaire de nos lois, si l'on se pénètre l'esprit de ses décisions et qu'on en fasse usage dans la mesure et avec les
tempéraments que commandent les règles nouvelles déposées
dans nos Codes, il sera possible, je crois, de composer une
théorie encore assez simple sur l'autorité de la chose jugée,
et de nous former sur ces questions sujettes à controverse des
opinions raisonnées et valablement motivées.

Cette étude peut se diviser en quatre parties. Dans la première, je ferai connaître à quels jugements est attachée
l'autorité de la chose jugée. Dans la seconde, à quelles
conditions il y a chose jugée. Dans la troisième, quels sont
les effets de cette chose jugée. Enfin, je traiterai, dans un
quatrième et dernier chapitre, de l'influence des actions
civiles et publiques les unes à l'égard des autres.

CHAPITRE PREMIER.

QUELS JUGEMENTS PRODUISENT LA CHOSE JUGÉE.

D'après l'ordonnance de 1667, titre 27, art. 5, l'autorité de la chose jugée appartenait « aux sentences et jugements rendus en dernier ressort, et dont il n'y avait appel, ou dont l'appel n'était pas recevable, soit que les parties y eussent formellement acquiescé, soit qu'elles n'en eussent interjeté appel dans le temps, ou que l'appel eût été déclaré péri ». Ces principes sont encore suivis de nos jours ; et l'on décide, en thèse générale, que, parmi les jugements, ceux-là seuls ont force de chose jugée qui ne sont pas susceptibles d'être réformés par les voies ordinaires. Ainsi, si l'on suppose qu'un tribunal de première instance ait prononcé contradictoirement sur un litige dont l'objet avait une valeur inférieure à 1,500 fr., le jugement acquerra l'autorité de la chose jugée du jour même de sa prononciation. Si, au contraire, la décision avait été rendue par défaut, ou que la somme engagée au procès excédât 1,500 fr., la chose jugée ne serait plus produite qu'à partir des délais de l'opposition ou de l'appel. Il est vrai que, même durant cet intervalle, et pour les jugements qui, rendus en premier ressort, peuvent être frappés d'appel, il y a possibilité de les mettre à exécution. Mais cette puissance, qui leur est attribuée, ne doit pas être confondue avec celle de la chose jugée ; elle n'est que précaire et toute provisoire : elle peut tomber, elle tombera au premier appel. Or la présomption de l'art. 1351 n'est attachée qu'aux décisions stables et perpétuelles, à celles que leur nature ou le temps a placées au-dessus et à l'abri des recours ordinaires. A la vérité, on peut objecter qu'après les délais d'opposition ou d'appel, il est encore plusieurs moyens de faire annuler un jugement, tels que la cassation, la requête civile ou la tierce-opposition. Mais ce ne sont là que des recours extraordinaires, et, fussent-ils exercés, la décision attaquée n'en conserverait pas moins son autorité pendant le débat ; elle ne pourrait en être dépouillée que par la réussite de l'action intentée contre elle.

Le même principe que le jugement ne doit plus être susceptible d'être réformé par les voies ordinaires, nous conduit encore à dire que l'autorité de la chose jugée ne sera jamais acquise aux jugements préparatoires, c'est-à-dire, à ceux qui, suivant la définition du Code de Procédure (art. 452), tendent à l'instruction de la cause sans faire préjuger le fond. Jamais, en effet, de pareilles décisions ne sont irrévocables ; le juge qui les a rendues peut lui-même les modifier, il peut les abandonner, s'il découvre un autre mode d'instruction plus convenable (l. 14, *De re Judic.*), et, dans tous les cas, l'appel des jugements de cette nature est toujours recevable en même temps que celui du jugement définitif [1].

Il faut en dire autant des jugements interlocutoires. D'une part, en effet, ils ne lient pas le tribunal qui peut toujours s'en écarter, car l'interlocutoire n'est, en définitive, qu'un moyen de preuve dont les résultats peuvent être jugés insuffisants par le magistrat. Il est permis à ce dernier de n'en tenir aucun compte et de puiser sa conviction dans les autres éléments de la cause qu'il estime plus dignes de créance. *Judex ab interlocutorio descedere potest*, disait la loi romaine, et les jurisconsultes appliquaient cette maxime, non-seulement aux décisions contenant réserve de tous droits, moyens et exceptions en faveur de toutes parties, mais même à celles où cette restriction n'était pas mentionnée expressément [2].

1. Art. 451, C. proc.
2. Lire CHAUVEAU sur CARRÉ, *Quest.* 1606, et TOULLIER, X, nos 96, 115 et 116.

D'un autre côté, le jugement interlocutoire peut être frappé d'appel (Art. 451 C. Proc.). Il manque donc de la première condition nécessaire pour qu'une sentence judiciaire puisse être revêtue de l'autorité de la chose jugée.

Il est vrai qu'on peut interjeter appel de l'interlocutoire, avant que le tribunal ait statué sur le fond du litige; mais, suivant l'opinion la plus reçue et aussi la plus exacte, à notre avis du moins, l'appel peut également être formé dans les deux mois qui suivent la signification du jugement définitif. Tant que ce délai n'est pas écoulé, l'interlocutoire ne passe donc pas à l'autorité de la chose jugée et, comme les décisions préparatoires, il n'acquiert cette autorité qu'avec le jugement définitif et en même temps que lui.

Quant aux jugements provisoires, leur dénomination elle-même fait suffisamment comprendre qu'ils ne peuvent jamais être considérés comme ayant acquis force de chose jugée. Ils peuvent être débattus en tout état de cause et il est toujours permis au juge de les rétracter lorsqu'il prononce définitivement sur le procès. (Cass. 27 févr. 1812; 26 juin 1816. Sirey, 12,1, 249; 16,1, 433.)

On voit donc, en résumé, que les jugements, auxquels est attachée la force de chose jugée, sont ceux qui ont été rendus contradictoirement et en dernier ressort, ou ceux qui, rendus soit par défaut, soit en premier ressort, ne peuvent plus être réformés par opposition ni par appel.

Ce principe est applicable aux jugements émanant d'une juridiction quelconque, pourvu qu'elle ait été reconnue par la loi française et qu'elle soit, au surplus, légalement constituée. Il n'est pas besoin de considérer l'ordre ni le degré de l'autorité qui a prononcé; la présomption de vérité ne sera pas moins forte pour la décision d'un juge de paix que pour celle d'une cour, pour le jugement d'un tribunal administratif que pour celui d'une juridiction civile, commerciale ou criminelle.

Il est également indifférent que la sentence judiciaire soit entachée d'une nullité quelconque. Notre droit n'a pas admis la distinction de la législation romaine entre les jugements iniques et les jugements injustes, entre ceux qui devaient être attaqués par les voies ordinaires de réformation, et ceux, au contraire, qui, étant nuls de plein droit, n'exigeaient aucun appel et ne pouvaient, en conséquence, jamais passer à l'état de chose jugée [1]. Chez nous, les voies de nullité contre les décisions des tribunaux sont inconnues ; tout jugement acquiert autorité, et si abusif, si peu légal qu'on puisse l'imaginer, il n'en sera pas moins toujours couvert par la présomption de l'art. 1351 [2].

Mais je suppose, bien entendu, que l'acte a au moins les apparences d'un jugement. Il est évident qu'un écrit, sans formes, sans ressemblance aucune avec une décision de la justice, ne passerait jamais à l'état de chose jugée. Car, comme l'a judicieusement observé un avis du Conseil d'État du 31 janvier 1806, s'il est vrai que la stabilité des jugements rendus par les cours repose, non sur la certitude acquise qu'un arrêt est juste, mais sur la présomption de sa justice, encore est-il au moins nécessaire qu'il soit revêtu des formes qui lui donnent le caractère d'un jugement. C'est là une condition essentielle et reconnue par la généralité des auteurs. Mais, pourvu qu'elle existe, elle suffit, et l'on ne devra tenir aucun compte, je le répète, des nullités de toutes natures dont la décision pourrait être affectée. Elle passera pour vraie dans tous les cas, même dans celui où on la supposerait rendue par un tribunal incompétent, *ratione materiæ*. C'est ce qui a été décidé avec raison, tant par le Conseil d'État que par la Cour de Cassation. (Ord. Cons. d'État, 16 mai 1827 ; 13 avril 1836. — Civ. Cass., 17 brumaire an XI. — Sir., 7, 2, 827 ; 1er avril 1813. Sir.; 13, 1, 311 [3]).

1. L. 32, *D. De re jud.*
2. TOULLIER, x, 113 et suiv. CARRÉ, *de l'organisation et de la comp.* II, quest. 385.
3. CARRÉ, op. et loc. cit.

Nous avons toujours raisonné, jusqu'ici, dans l'hypothèse de jugements rendus en matière de juridiction contentieuse. Ce sont, en effet, les seuls auxquels la loi attache l'autorité de la chose jugée. Les actes de juridiction gracieuse sont impuissants à produire ce résultat, et il est universellement admis que les parties intéressées peuvent, à toute époque, faire valoir leurs droits, sans avoir à redouter qu'on leur oppose l'exception *rei judicatæ*. C'est ainsi, qu'en 1834, 3 déc. (Sirey, 35, 1, 230), la Cour de Cassation a décidé que le jugement d'envoi en possession des biens d'un absent ne constituait pas chose jugée à l'égard des tiers qui se prétendaient plus tard seuls héritiers présomptifs, lors de la réception des dernières nouvelles de l'absent. C'est ainsi, encore, que des arrêts ou jugements qui autoriseraient l'aliénation d'immeubles dotaux, qui admettraient des adoptions, qui homologueraient des partages, des avis du conseil de famille, qui, en un mot, permettraient ou défendraient des faits quelconques sans prononcer condamnation ni acquittement, n'obtiendraient jamais force de chose jugée [1].

Les effets des sentences rendues en matière d'arbitrage volontaire [2] sont, en général, les mêmes que ceux des jugements ordinaires, et se produisent dans les mêmes cas, moyennant les mêmes conditions. Il faut seulement observer que, d'après l'art. 1021 du Code de Procédure civile, ces sentences doivent être rendues exécutoires par une ordonnance du président du tribunal. Les articles 1023, 1026 et 1028 du même Code établissent également certaines voies de réformation contre les jugements d'arbitres. Mais si on n'y a pas eu recours, on devra reconnaître à ces sentences une force tout aussi grande qu'aux décisions d'un tribunal.

Tout ce que nous venons de dire n'est applicable qu'aux

1. DALLOZ, *chose jugée*, chap. 2, sect. 1, n° 15.
2. Nous passons sous silence l'arbitrage forcé : on sait qu'il a été aboli par une loi du 15 juillet 1856.

jugements émanant d'une juridiction française, ou du moins, d'une autorité reconnue par les lois civiles ou politiques de notre pays. Les décisions rendues en matière contentieuse par des tribunaux étrangers ne passent pas par elles-mêmes et de plein droit en force de chose jugée; c'est la conséquence immédiate de ce double principe que le pouvoir judiciaire n'est qu'une dépendance du pouvoir exécutif, et que ce dernier se trouve nécessairement renfermé dans les limites du territoire sur lequel s'étend son empire.

Certains auteurs ont cependant émis des opinions contraires. Dans un premier système, soutenu par MM. Massé (*du Droit commercial*, XI, 305 et 306) et Salomon (*de la Condition juridique des étrangers*, p. 408 et suiv.) l'autorité d'un jugement, quant à la chose jugée, ne résulterait pas tant de celle du souverain dans l'empire duquel il aurait été rendu, que de la volonté privée des parties, que du contrat judiciaire formé entre elles et qui, conformément au droit général des conventions, ferait obstacle à ce qu'on demandât aux tribunaux la révision d'une contestation déjà débattue et jugée par les tribunaux étrangers. C'est là une erreur, et la prétendue assimilation que l'on veut établir entre les conventions ordinaires et le contrat judiciaire me semble complétement fautive. Car, tandis que les unes sont spontanées, et n'ont d'autre raison d'être que la volonté privée des parties; l'autre, au contraire, est forcée, nécessaire, obligatoire : on n'y peut échapper qu'à peine du défaut, et force est bien de reconnaître qu'il a réellement sa source dans le pouvoir public de juger que la loi confère aux tribunaux. Dès lors, ses effets ne peuvent pas être plus étendus que ce pouvoir lui-même et devront nécessairement s'arrêter là où s'arrêtera l'autorité du juge.

Dans une autre opinion, les décisions des tribunaux étrangers auraient encore autorité de chose jugée comme dans le système précédent, mais pour des motifs tout différents. Il serait bien vrai, dit-on, qu'au point de vue rationnel et par suite de l'indépendance réciproque des nations, les jugements rendus hors de France ne devraient y acquérir ni force exécutoire ni force de chose jugée ; c'était même la doctrine consacrée par l'art. 121 de l'ordonnance de 1629 [1]. Mais elle n'a été reproduite qu'en partie par notre législation actuelle. Les art. 546 du Code de Procédure et 2123, 2128 du Code Napoléon refusent bien la force exécutoire aux décisions étrangères, mais aucun d'eux, aucune autre disposition de nos lois ne refuse l'autorité de la chose jugée à ces mêmes décisions. Ce silence équivaut, dit-on, à une abrogation virtuelle de l'ancienne prohibition qui frappait les jugements des tribunaux étrangers [2].

On peut, à cette argumentation, objecter de nombreuses réponses. D'abord on soutient que, parce que le législateur moderne ne l'a pas rappelée expressément, il a abrogé cette partie de l'ordonnance de 1629, relative à la chose jugée. Mais rien n'est assurément plus douteux, et il nous semble qu'il y aurait pour le moins autant de raisons de conclure, au contraire, de ce silence, le maintien de l'ancienne règle. D'autant mieux, remarquons-le, qu'il s'agit ici d'un principe de droit, d'une règle appliquée et suivie à travers les siècles, d'une de ces maximes entrées et comme enracinées dans notre législation. Or, ce n'est pas par le silence qu'on abroge de pareilles dispositions; c'est par des textes formels, c'est par des dispositions expresses. D'un autre côté, n'est-il pas universellement admis que les étrangers ne jouissent en

1. Voici le texte de cet article : il mérite d'être rapporté, car nous allons voir, dans un instant, qu'il doit être appliqué, aujourd'hui encore, dans toute son étendue :

« Les jugements rendus, contrats ou obligations reçus, ès royaumes et
« souverainetés étrangères, pour quelque cause que ce soit, n'auront aucune
« hypothèque ni exécution en nostre royaume. Ains tiendront les contrats
« lieu de simples promesses et, nonobstant les jugements, nos sujets, contre
« lesquels ils ont été rendus, pourront de nouveau débattre leurs droits
« comme entiers par devant nos officiers. »

2. FÉLIX, *Traité du droit international privé*, nos 23, 203, 315 et 322.

France que des droits et prérogatives dont nous jouissons
nous-mêmes dans les pays étrangers ? Comment, dès lors,
concilier le système que je combats avec cette disposition de
nos lois ? Il lui est évidemment contraire, il la viole ouverte-
ment, puisqu'il accorde autorité aux jugements étrangers
d'une manière absolue, indépendamment de toute réciprocité
nationale. Enfin, il est certain que l'art. 121 reçut application, même dans la période révolutionnaire, où certes l'on
n'était pas défavorable aux étrangers. Eh bien ! est-il probable qu'en 1804, à cette époque où la France, revenue de ses
illusions philanthropiques, organisa contre les étrangers ce
système rigoureux et sévère que nous pouvons lire dans le
Code Napoléon, est-il possible qu'on songea à supprimer et
qu'on supprima en réalité une disposition qu'avaient respectée les lois de la révolution ? Au surplus, a-t-on réellement
raison de s'étonner du silence gardé par le législateur sur le
point qui nous occupe ? Remarquons donc qu'il s'agissait là, en
définitive, non pas d'une question de droit civil, mais d'une
question de droit public, de droit international. Comment
alors faire un reproche aux rédacteurs de nos Codes civils de
ne s'être pas expliqué sur une règle que sa nature plaçait en
dehors de leur compétence ? Tenons donc pour certain, malgré les nombreuses opinions contraires, que l'art. 121 de
l'ordonnance de 1620 doit encore être suivi de notre temps,
et qu'en conséquence un jugement rendu à l'étranger n'aura
jamais pour effet de faire repousser, sur le fondement de
l'art. 1351, l'examen et la discussion de faits sur lesquels il
a déjà été statué [1].

Cependant, il ne faudrait pas croire que toutes les décisions
des juridictions étrangères fussent mises sur le même rang et
traitées de la même manière. L'ordonnance de 1629 indique

1. Voir dans ce sens, MERLIN, Quest., v° Jugement, § 14. — GRENIER, Des
Hypothèques, 1, 14 et 222. — TOULLIER, x, 85. — REUTER, Cours de procédure
civile, § 157 ; et aussi une savante dissertation de M. AUDRY, Revue étrangère
et française, m, p. 115 et 165.

entre elles une différence importante qu'on doit prendre garde
d'oublier. Si, en effet, un jugement étranger, rendu contre
un Français, est porté devant un tribunal de France pour être
revêtu de la formule exécutoire, le tribunal devra nécessairement procéder à la révision complète du jugement; il sera tenu
d'apprécier le dispositif, tant au point de vue des faits qu'à
celui de l'application des règles de droit, et, s'il est nécessaire, il ne devra pas hésiter à annuler la décision étrangère.
Il sera indifférent, au reste, que la partie gagnante fût également française, que le Français condamné jouât le rôle de
demandeur ou de défendeur, que l'affaire fût commerciale
ou civile; dans tous les cas, dès lors qu'il y aura eu condamnation contre un Français, le juge sera dans l'obligation de se
livrer à l'examen du fond même de la cause. Au contraire,
si la décision étrangère est intervenue au profit d'un Français
contre un étranger, la mission du tribunal pourra se borner
à examiner, d'une part, si le jugement émane d'autorités légalement constituées, s'il a le caractère d'un véritable jugement, si l s solennités requises pour l'administration de la
justice ont été accomplies, et, d'autre part, s'il ne contient
rien de contraire à l'ordre public en France. Il pourra, sans
doute, ici comme dans le cas précédent, aller encore plus
loin, ne pas se contenter d'un simple *pareatis* et juger le fond
même de l'affaire; mais ce ne sera plus pour lui une obligation, une formalité nécessaire dont l'oubli pourrait donner
ouverture à cassation; ce sera une simple faculté dont le non
usage n'infirmera en rien l'autorité de la sentence rendue [1].

Les règles que nous venons d'exposer s'appliquent toutes
aux sentences arbitrales rendues en pays étrangers, sauf
pourtant une exception que la nature même des choses fait
découvrir.

Il est bien vrai, en effet, que si les parties ont été renvoyées

[1]. AUBRY, op. cit.—VALETTE, *Revue de droit français et étranger*, 1849, t. VI,
p. 597, nos 5 et suivants.

forcément devant des arbitres par la juridiction étrangère
saisie de leur contestation, le Français condamné par la sentence, pourra toujours demander en France la révision complète de la décision arbitrale, et qu'il ne sera pas possible au
juge de délivrer une simple ordonnance *d'exequatur* sans
examen du fond. Mais, si nous supposons que les arbitres ont
été librement et volontairement constitués par les parties,
celles-ci ne pourraient, en aucun cas, quelles que fussent
leur nationalité et leurs qualités, invoquer le principe de l'ordonnance de 1629 et demander un nouvel examen de la contestation. L'arbitrage appartient, en effet, au droit des gens;
c'est une convention semblable aux autres, quant à ses effets
obligatoires; et, comme les autres, elle lie les parties contrac-
tantes, en quelque lieu qu'elle ait été formée. Le juge français
devra donc simplement revêtir la sentence de l'ordonnance
d'exequatur (art. 1020 C. Proc.), en refusant d'entendre débattre le litige une nouvelle fois [1].

Il est de principe dans le droit que la chose jugée réside
exclusivement dans le dispositif du jugement et jamais dans
les motifs. Ces derniers ne servent qu'à éclairer le dispositif,
et, quelque explicites, quelque généraux qu'ils soient, ils ne
constitueront jamais la chose jugée, ni même un simple préjugé (Cassation, 9 mars 1836). C'est là une règle importante
dont on ne saurait trop se pénétrer. La jurisprudence, du
reste, comme la doctrine, est unanime à la proclamer. Ainsi
la Cour d'Aix a jugé que la qualification de billet à ordre
donnée à un écrit dans les motifs d'un jugement n'avait pas
autorité de chose jugée et laissait entière la question de déterminer la nature réelle de l'obligation (1er mars 1839). De
même, d'après la chambre des requêtes de Cassation, l'attri-

---

1. MERLIN, *Quest.* vo *Jugement*, 14, no 3. — TROPLONG, *hyp.*, no 153, TOUL-
LIER, t. X, no 87. Ce dernier auteur n'admet pourtant pas tous les principes
exposés aux textes : suivant lui, le juge français aurait droit, dans tous les
cas, de réviser la sentence rendue par l'arbitre étranger. V. loc. cit., no 88.

bution de filiation donnée dans les motifs d'un jugement ne passe pas à l'état de chose jugée, si cette même attribution n'a pas été l'objet d'une mention spéciale dans le dispositif du jugement (30 août 1832). Voir également de la même Cour les arrêts du 9 janvier 1838, 23 juillet 1839, 30 avril 1850; Sir., 38, 1, 559; 39, 1, 560; 50, 1, 497.

Mais cependant, si la chose jugée ne se trouve jamais dans les motifs, il ne faut pas oublier que ceux-ci peuvent et doivent toujours être consultés pour expliquer le véritable sens d'un dispositif dont les termes présentent de l'obscurité. C'est par eux, en effet, que le magistrat fait connaître les raisons qui l'ont porté à consacrer telle prétention plutôt que telle autre.

Le dispositif lui-même ne fait autorité qu'autant que les points décidés y sont nettement et franchement accusés. Ce qui s'y trouve décidé sous forme de simple observation ne fait pas obstacle à ce qu'un débat s'engage sur ces mêmes questions. Quelques exemples suffiront pour mettre ce principe en lumière. Supposons qu'un jugement condamne un individu à fournir des aliments au demandeur en qualité de père ou d'enfant. Si la question de paternité ou de filiation n'a pas été décidée par une disposition spéciale et explicite, si les parties n'ont pris aucune conclusion quant à elles, il n'y aura pas chose jugée sur ce point, et il pourra être débattu, dans la suite, devant tout tribunal, même devant celui qui a prononcé sur la dette alimentaire (L. 5, § 9, D. *De agnosc.*, lib. 25, 3).

Par la même raison, si une demande n'a eu pour objet que l'intérêt d'un capital, le jugement qui l'aura accueillie, n'aura pas effet de chose jugée quant à la quotité du capital, et lors même qu'il la mentionnerait[1]. Ainsi encore, pour emprunter un exemple aux tribunaux administratifs,) car la règle que nous commentons est nécessairement applicable à toute ju-

1. Req. rej., 25 août 1829. Sir., 291, 35.

ridiction) ; si un arrêt a décidé que des modifications sur-
venues dans le service des tabacs, sans résilier l'adjudication
des transports de l'administration des contributions indi-
rectes, pourraient seulement, selon la gravité de leurs résultats, et sauf tout débat de la part de la régie, servir de base
à une demande en indemnité, il ne s'ensuit pas qu'il ait
reconnu le droit des adjudicataires à cette indemnité [1].

En un mot, toutes les questions dont le juge, sur les conclusions des parties, aura donné la solution, passeront à l'état
de chose jugée : le *quid judicandum* sera la mesure du *quid
judicatum*.

Mais on comprend que si les conclusions des plaideurs sont
indispensables, il n'est pas besoin de considérer l'époque à
laquelle elles ont été formulées. Qu'elles aient été prises par
voie principale ou par voie incidente, il suffira que le tribunal
ait pu statuer et ait effectivement statué sur elles, pour
qu'elles ne puissent plus être soumises à l'examen d'une autre
juridiction. La Cour de cassation a eu à faire application de
ce principe dans un arrêt du 31 décembre 1831, rapporté au
tome 35 de Sirey, 1re partie, p. 515.

Il faut aller plus loin, et décider qu'une disposition, bien
qu'un paragraphe spécial et exclusif ne lui soit pas consacré
dans le dispositif, n'en produit pas moins les effets de la chose
jugée, si elle résulte nécessairement et inévitablement d'une
autre disposition formelle. Il est, en effet, encore exact de
dire, même dans ce cas, que la disposition est expresse,
qu'elle est exprimée, qu'on peut la lire dans le dispositif.
Qu'importe qu'elle soit implicite, si elle constitue une conséquence forcée d'une autre disposition, ou si vous pouvez la
découvrir dans l'interprétation même du jugement? Primus a
été autorisé à continuer les poursuites faites en vertu d'un
titre. Qui songera, après cette décision du tribunal, à révoquer
en doute la solidité ou l'efficacité de ce titre [2]? Un jugement a

1. Conseil d'État, 15 mars 1838.
2. Cassation, 4 décembre 1847. Sirey, 38, 1, 233.

décidé qu'il n'y avait pas lieu à restitution des fruits perçus
depuis l'ouverture de la succession jusqu'à telle époque
déterminée ; n'est-ce pas décider également que depuis cette
époque, il devra être tenu compte des fruits, qu'il faudra les
comprendre dans le partage ? Quel juge hésiterait à refuser de
prendre connaissance de l'affaire qui aurait pour objet la
remise de ces mêmes fruits dans la masse à partager[1] ? De
même, enfin, si un jugement, sur une demande de réalisation de vente, a déclaré que le contrat n'existait pas, n'est-il
pas de toute évidence que si, plus tard, un individu réclamait
le prix de cette prétendue vente, il devrait être repoussé par
l'exception *rei judicatæ*[2] ?

Dans tous ces cas et autres semblables, il est certain que le
jugement a statué expressément quoique implicitement, sur
toutes les questions que nous venons d'examiner, et qu'en
conséquence, chacune d'elles acquerra force de chose jugée.

Mais, si je suppose, au contraire, que j'aie succombé dans
une action en revendication, parce que je n'ai pas pu établir
mon titre de propriétaire, il est constant, et tout le monde
reconnaît que ma condamnation ne vaut pas titre de propriété
pour le défendeur, et que, partant, il ne pourra pas s'en
prévaloir si, dans la suite, je suis devenu possesseur de l'immeuble et qu'il se trouve, ainsi, dans la nécessité d'intenter,
à son tour, contre moi, une *rei vindicatio*[3]. En résumé donc,
s'il est indispensable pour que la chose jugée se produise,
qu'un droit ait été expressément reconnu par le tribunal, il
n'est pas nécessaire qu'il en ait été l'objet direct, l'objet

1. Cassation, 6 décembre 1852. Sirey, 53, 1, 253.
2. Merlin, *Quest.* v° *Option*, § 1, n° 8.
3. L. 15 et 30 *D. de except. rei jud.* (44, 2). Les jurisconsultes romains
ajoutaient que, si dans la première instance en revendication, le défendeur
avait opposé une exception telle que celle de prescription, il y aurait, à
l'avenir, chose jugée en sa faveur sur la question de propriété. Cela est évident, et dans ce cas, il faudrait nécessairement modifier la décision donnée
au texte.

principal, et, s'il est vrai qu'on doit éviter de comprendre dans une décision ce qui ne s'y trouve pas, on doit, et avec non moins de soin, prendre garde d'en retrancher ce qui s'y trouve réellement.

CHAPITRE II.

QUELS ÉLÉMENTS CONSTITUENT LA CHOSE JUGÉE.

La loi romaine en indiquait trois, l'identité d'objet, l'identité de cause, l'identité des parties : *eadem res, eadem causa petendi, eadem conditio personarum* [1].

Les mêmes principes ont passé dans notre législation, et nous les avons trouvés nettement formulés dans l'art. 1351 que nous avons reproduit. Il faut, du reste, que ces trois éléments concourent simultanément; et, en l'absence d'un seul d'entre eux, il n'y aurait pas lieu d'écarter une instance nouvelle par l'exception de chose jugée.

Nous allons les étudier successivement dans l'ordre du Code.

§ I. — *Identité d'objet.*

Il n'est pas besoin de justifier cette première condition. Elle résulte de la nature même des choses, et il est évident que l'autorité de la chose jugée ne saurait s'attacher qu'à ce qui a fait l'objet d'un premier jugement. Mais quand et de quelle manière, sous quelles conditions, deux demandes ont-elles objet identique? La question est souvent délicate et a donné lieu, dans la pratique comme dans la théorie, aux plus graves contestations. C'est principalement ici, pour prendre parti dans ces nombreuses controverses, que l'on fera

1. L. 12, 13, 14, *De except. rei judicatæ.*

6

sagement de recourir aux écrits des jurisconsultes romains, et, tout en conservant sa liberté d'appréciation personnelle, de profiter des solutions ingénieuses et profondes qu'ils ont su découvrir dans cette matière parfois si embarrassante. Disons, avant tout, qu'il n'est pas possible d'indiquer, *à priori*, une règle absolue, un principe général, au moyen duquel il soit permis de résoudre toutes les difficultés. Les tentatives faites dans ce but par quelques auteurs sont restées sans succès. Il faut nécessairement prendre espèces par espèces, et régler chacune d'elles séparément.

Il est d'abord évident que l'objet n'aura pas cessé d'être le même, malgré les changements survenus dans sa forme, dans sa qualité ou sa quantité ; ce n'est qu'une identité *in individuo, aut in genere* qui est exigée. Or, comme le dit parfaitement le jurisconsulte Paul, dans la loi 14, *D. De except. rei judic :* « *Idem corpus, in hac exceptione, non utique omni pristinâ qualitate vel quantitate servata, nullâ adjectione diminutioneve factâ, sed pinguius pro communi utilitate accipitur* ». Ainsi, une maison aura conservé son identité, quoique démolie et reconstruite de nouveau ; de même pour une forêt, dont le nombre des arbres aurait été augmenté ou diminué ; de même encore pour un troupeau qui comprendrait plus ou moins de têtes que lors de la première demande. L'être moral n'a pas changé, la chose est toujours la même, *non alia res est* [1].

Pomponius décidait même, dans la dernière espèce citée, qu'il y aurait lieu de repousser la demande ayant pour objet une ou plusieurs têtes déterminées, si l'on avait déjà échoué sur la demande du troupeau tout entier. C'est qu'en effet la partie est contenue dans le tout, *in toto et pars continetur* (L. 113, *De reg. juris*), et c'est former la même demande que de réclamer une partie d'un tout qui a déjà fait l'objet d'une première réclamation.

1. L. 21, § 1, *De excep. rei judi.*

Cette maxime que j'emprunte à Ulpien [1] est fondamentale dans notre sujet ; elle reçoit application dans les cas les plus nombreux, et soit que la question d'identité se réfère à un corps certain, à une quantité ou à un droit. *Nec interest utrum in corpore hoc quæratur, an in quantitate, vel in jure.* C'est ainsi, notamment, que, si j'ai revendiqué un domaine et que j'aie été débouté de ma demande, il ne me sera plus permis de former, contre la même personne et pour la même cause, une demande du quart, de la moitié, d'une part quelconque de ce domaine, à supposer même qu'elle fût déterminée, comme telle prairie, tel sentier. Par la même raison, si je n'ai pu obtenir de prendre cent arbres dans une forêt, je ne pourrai plus en réclamer cinquante, trente, vingt, ou tel autre nombre que l'on voudra, pourvu toutefois, ce que nous devons toujours supposer, que ma nouvelle demande soit dirigée contre la même personne et fondée sur la même cause. Enfin, il est encore certain qu'au cas où il aurait été jugé contre moi que je n'ai pas le droit d'envoyer paître un troupeau de cinquante têtes sur votre terrain, je demanderais inutilement à prouver que j'ai le droit d'en faire paître un de vingt-cinq têtes. Dans tous ces exemples, il est évident que, quoique la nouvelle demande soit restreinte à une partie seulement de la première, elle n'en a pas moins été jugée à l'avance avec celle-ci, car elle en faisait partie intégrante, elle s'y trouvait virtuellement comprise, elle avait même objet.

En sens inverse, on doit reconnaître qu'au point de vue de l'autorité de la chose jugée, celui qui aurait été repoussé dans la demande d'une partie d'une chose, ne pourrait plus en demander le tout. Il serait, en effet, contradictoire d'accorder à une même personne et pour la même chose l'intégralité d'un objet dont il lui aurait été d'abord impossible d'obtenir même une partie. Il y a plus : quand même le demandeur aurait eu soin de déduire la partie qui lui aurait été refusée,

1. Il l'a très-bien expliqué, L. 7, pr. h. t.

l'exception de la chose jugée lui serait encore opposable. Il est vrai que Proudhon enseigne le contraire (*De l'usufruit*, III, 1272). Mais c'est une erreur certaine, car, ainsi que l'ont dit avec raison MM. Aubry et Rau, celui qui réclame un objet ou une quantité comme faisant partie d'un tout, soumet nécessairement au juge l'appréciation du titre en vertu duquel il agit, et, si la demande est rejetée par suite d'une défense au fond ou d'une exception péremptoire opposée, non-seulement à la réclamation telle qu'elle a été formée, mais au titre même, toute nouvelle action, tendant à obtenir le surplus de la chose ou de la créance, se trouve d'avance écartée. Il y aurait, en effet, contradiction formelle entre le jugement qui accueillerait une pareille action et celui qui a rejeté la première demande [1].

Supposons, pour éclaircir ces idées par des exemples, que j'aie spécialement revendiqué certaines choses comme dépendant d'une succession, j'échoue dans ma demande. Il ne me sera plus possible de prétendre à l'hérédité dans sa totalité. On pourra valablement m'opposer l'exception *rei judicatæ*. La même exception mettra obstacle à ce que j'intente une nouvelle action lorsque, malgré mes moyens de nullité contre une obligation exigible par quart, j'aurai été condamné à en acquitter un premier quart, et que plus tard, sur la demande des trois autres quarts, je viendrai proposer les mêmes moyens de nullité (Cass., 20 décembre 1830). Mais que faudra-t-il décider lorsque, ayant échoué dans la demande en payement des intérêts d'une somme, je réclame plus tard le capital de cette prétendue dette ? Les jurisconsultes font, dans ce cas, une distinction qui nous paraît très-sage. Si, disent-ils, la première demande a été repoussée par une exception fondée sur ce que la créance n'existait pas, la seconde ne sera pas admissible, et l'on ne saurait réclamer ultérieurement le principal

[1]. Voir dans le même sens, L. 3, D. *De rei jud.* DURANTON, XIII, 464. *Contra* TOULLIER, X, 153 et 155.

sans violer le principe de la chose jugée. Mais si le défendeur, à la demande d'intérêts, a seulement prétendu qu'il y avait eu payement ou prescription des intérêts, ou encore que la créance n'en était pas productive, il ne pourrait pas se prévaloir de l'exception *rei judicatæ* pour repousser la demande en payement du capital. Il est évident, en effet, que, dans cette dernière hypothèse, les objets des réclamations seraient différents. Une distinction analogue devra être faite dans toutes contestations relatives à des obligations accessoires, tels que le gage, l'hypothèque le cautionnement, etc. Ces obligations ont-elles fait à elles seules l'objet du débat : il n'y a chose jugée que pour elles, et l'on pourrait valablement réclamer la créance principale, encore qu'on eût été déclaré n'avoir pas droit au gage ou à l'hypothèque. Au contraire, ces droits accessoires n'ont-ils été déclarés nuls que parce que le droit principal n'existait pas lui-même : il ne serait plus possible, sans contrevenir à la chose jugée, de demander, non pas seulement le gage ou l'hypothèque, mais même la créance principale que l'on disait être couverte par eux.

On ne saurait regarder comme identiques, et, par suite, comme donnant lieu à la violation de la chose jugée, les demandes en revendication d'un héritage et en réclamation de l'usufruit du même fonds. Celui qui aurait échoué sur l'un de ces deux points pourrait élever une contestation sur l'autre, sans avoir à redouter l'exception *rei judicatæ*. Ce sont, en effet, choses toutes différentes que la propriété ou l'usufruit d'un immeuble, et un litige relatif à l'un de ces deux droits ne pourrait évidemment pas être étendu à l'autre. Il est vrai que quiconque se prétend seulement usufruitier reconnaît par là même qu'il n'est pas propriétaire, en sorte qu'on serait tenté de décider qu'une demande ayant pour objet l'existence d'un droit d'usufruit ferait obstacle à ce que son auteur qui a échoué intentât ultérieurement une action en revendication du même héritage; mais il est facile de voir que cette objection est sans fondement, car, lors du procès sur l'usufruit, mille causes peuvent avoir placé le demandeur dans une ignorance légitime de son droit de propriété, et il est véritablement impossible qu'on se fasse une arme contre lui de ce qu'il n'a pas tout d'abord agi en propriétaire [1].

Ce qui vient d'être dit de l'usufruit s'applique, et pour les mêmes raisons, aux diverses servitudes personnelles, et notamment à celles d'usage. Ainsi, celui qui aurait été débouté d'une demande d'usage d'une forêt pourrait valablement, dans la suite, en réclamer la propriété elle-même, et la réciproque serait encore vraie. Mais que faut-il décider de deux jugements dont l'un aurait rejeté la réclamation d'un usufruit sur un immeuble, et l'autre aurait reconnu un droit d'usage sur le même immeuble? Y aurait-il violation de la chose jugée? La plupart des auteurs répondent négativement, et avec raison, je crois; car, malgré la définition traditionnelle de l'usage « c'est un usufruit restreint », on doit cependant reconnaître qu'il constitue même chez nous un droit propre, particulier, qui se distingue de l'usufruit, et qu'en conséquence, dans l'espèce posée, il n'y a pas identité d'objets entre les deux jugements. Donnerons-nous encore la même solution dans l'hypothèse inverse? Ainsi, Primus a succombé dans la demande d'un droit d'usage : sera-t-il recevable à demander l'usufruit? M. Duranton ne le pense pas [2], et quoique son opinion soit contraire à celle de Toullier, je crois néanmoins qu'elle doit être adoptée. En vain objecterait-on que l'usufruit et l'usage sont deux droits distincts, cela est exact, mais cela n'empêche pas que quiconque a l'usufruit a par là-même l'usage, et l'on ne comprendrait pas que celui qui aurait été déclaré n'avoir pas droit aux fruits d'un fonds dans la limite de ses besoins, pût, dans la suite, prétendre légitimement à l'universalité des fruits de ce fonds. Il y aurait là une contradiction manifeste.

1. TOULLIER, X, 154, Req. rej. 21 vendémiaire an XI. SIREY, 3, 2, 686.
2. XIII, 467.

C'est une question controversée que celle de savoir si le propriétaire d'un fonds qui aurait demandé, sans succès, le droit de passer à pied *iter*, pourrait, ultérieurement, réclamer un passage pour les bêtes de somme, ou avec voitures; *actus viámque*. Marcadé est d'avis qu'il y a là une impossibilité absolue. « Sans doute, dit-il, je puis réclamer dans une seconde demande ce qui n'était pas dans la première; je puis demander le passage pour mes bestiaux et pour mes voitures, mais séparé du passage à pied, quand ma première demande ne portait que sur ce dernier..... Je puis, après avoir succombé, quant à une partie de la chose ou du droit, réclamer les autres parties de cette chose ou de ce droit, puisque ces autres parties ne se trouvaient pas dans la première demande; mais je ne puis pas demander l'intégralité de cette chose ou de ce droit, puisque ce serait faire porter ma seconde demande sur la partie même qui faisait l'objet de la première » (art. 1351, n° 5). Ce raisonnement, quoique séduisant au premier abord, ne nous en semble pas moins entaché d'erreur, et si l'observation par laquelle termine Marcadé est vraie dans sa généralité, il nous paraît qu'elle est faussement appliquée à l'espèce qui nous occupe. Oui, sans doute, comme dit l'illustre commentateur du Code Napoléon, quand je n'ai pu obtenir une partie d'une chose, je ne puis dans l'avenir, et sans autre cause, en obtenir la totalité. Mais qui a jamais soutenu le contraire, et, où voit-on que ce principe serait violé si un jugement accordait l'*actus* au même individu auquel il aurait d'abord refusé l'*iter*? Sans doute, pour conduire les bêtes de somme et les voitures, il faudra bien également que l'homme passe dans le même chemin; ce droit de passage pour les animaux ou les chariots comprendra ainsi nécessairement la faculté pour le conducteur de passer lui-même; mais à quel titre donc sera exercée cette faculté? Non pas comme servitude distincte, comme droit de passage à pied, *ut iter*; mais comme accessoire, comme dépendance nécessaire et indispensable de la servitude *actus vel via*.

Ne nous dites pas qu'après avoir échoué dans la demande de l'*iter*, nous réclamons *viam vel actum cum itinere* : c'est une erreur, et nos prétentions n'ont jamais été celles que vous supposez. Nous demandons uniquement qu'on nous accorde *actum et viam*; mais, comme la nature même des choses exige que ces deux servitudes ne s'exercent qu'autant que nous passions nous-mêmes, pourquoi n'en profiterions-nous pas? Celui qui aura été débouté de sa demande *d'iter*, ne pourra plus, assurément, passer seul dans le chemin; mais ne pourra-t-il pas, au moins, conduire ses bestiaux, conduire les voitures? En quoi contreviendrait-il au premier jugement qui lui aurait refusé le droit de passage à pied? On objecte que celui qui ne peut pas passer à pied ne peut pas, à plus forte raison, passer en voiture ou à cheval. Le plus, dit-on, ne peut pas être permis à celui qui ne peut pas le moins. Cet argument n'est pas plus heureux que le premier, et on peut encore justement reprocher à son auteur de faire une fausse application d'un principe vrai. Assurément la maxime invoquée est exacte, mais dans quelles espèces? Seulement dans celles qui seront identiques, ou du moins qui ne varieront que du plus au moins, et non pas dans celles dont la nature est toute différente. Qui ne voit que la servitude de conduite de bestiaux ou de passage de chariots ne ressemble en rien au droit de passage d'hommes, d'individus, de personnes? Quelle analogie trouve-t-on entre ces deux servitudes? Il est évident qu'elles constituent deux droits différents, *aliud videri tunc petitum, aliud nunc*. J'aurais donc peine à comprendre que le refus d'une demande ayant pour objet le passage à pied ne permit plus au même homme d'agir une nouvelle fois en justice et pour la même cause, dans le but de réclamer un passage pour bêtes de somme ou avec voiture. Cette doctrine était, au surplus, celle d'Ulpien (L. 11, § 6, D. *De except., rei judicatæ*) et elle a été acceptée par le plus grand nombre des jurisconsultes modernes. (Pothier, n° 43; Toullier, X, n° 153; Aubry et Rau, VI, p. 494.)

On comprend que ce que nous venons de dire des servitudes *iter*, *actus* et *via*, ne leur est pas spécial, et que le même principe est, au contraire, applicable à toutes les réclamations des démembrements quelconques du droit de propriété. Ainsi, quoiqu'un jugement ait refusé de reconnaître une servitude sur un fonds, le même demandeur pourra légitimement en réclamer une autre sur le même héritage, si cette dernière diffère de celle qui lui a d'abord été déniée ; les objets des demandes n'étant plus les mêmes, il ne saurait y avoir violation de la chose jugée. Il est, du reste, généralement reconnu qu'il n'est même pas besoin d'une différence de nature entre les deux servitudes ; elles pourraient être de même espèce et ne se distinguer que par leur étendue ; mais il faudrait absolument, dans ce dernier cas, que l'une ne comprît pas l'autre, ou n'y fût pas comprise comme en étant une partie intégrante et nécessaire [1].

Le même principe dont nous avons eu à faire application dans l'exemple du paragraphe précédent, va nous donner encore la solution d'une espèce qui a souffert difficulté. Un fonds était soumis à la servitude *non ædificandi* ; le propriétaire crut pouvoir profiter d'une nouvelle disposition de lieux pour demander, en termes généraux, l'entier affranchissement de son terrain de toute servitude, et la liberté absolue d'en disposer comme bon lui semblait, en élevant des constructions autres qu'un mur de clôture alors existant. Sa demande fut rejetée. Plus tard, il en forma une autre tendant à obtenir le droit d'exploiter utilement le mur de clôture en lui faisant subir tels et tels travaux déterminés, notamment en y pratiquant des ouvertures de fenêtre et des boutiques sur la voie publique. On lui opposa l'exception de chose jugée. « Votre première demande, lui dit-on, était générale. Sans mentionner aucun droit, elle les comprenait tous, et particulièrement celui dont vous prétendez vous prévaloir actuellement. »

1. AUBRY et RAU, t. VI, p. 491.

L'affaire fut soumise aux tribunaux. Elle passa par tous les degrés de juridiction et fut même portée devant la Cour de Cassation. Partout, elle reçut la même solution ; partout il fut décidé que la demande générale, par laquelle on réclamait un droit absolu et sans bornes, était tout à fait différente de la demande par laquelle on demandait un droit déterminé, distinct du premier et qui n'en constituait aucune partie intégrante ni essentielle : en conséquence , un tribunal avait légitimement pu admettre une demande spéciale, même après avoir rejeté une demande générale, et le rejet de la première prétention n'impliquait aucunement le rejet de la seconde. *Sententia generalis lata super petitione generali restringitur ope replicationis ad prosecuta tantum.*

On ne pouvait mieux juger, et la Cour de Cassation, en statuant comme elle l'a fait, nous semble avoir consacré une doctrine parfaitement juridique [1].

La même Cour a encore décidé , et avec raison selon nous, que le jugement d'après lequel un individu était déclaré n'avoir pas une propriété distincte et exclusive dans un immeuble , n'avait pas l'autorité de la chose jugée sur la demande ultérieurement formée par le même individu et tendant à lui faire reconnaître un droit de propriété commune et indivise dans le même immeuble (Sm. 31, 1, 415, arrêt du 14 février 1831). Il est évident que ces deux jugements n'ont pas même objet, et qu'ils ne peuvent, par suite, contrevenir à la chose jugée. Il faudrait , du reste , donner la même solution dans l'hypothèse inverse.

Il n'y a pas encore identité d'objet dans deux jugements, dont l'un statue au possessoire, et l'autre au pétitoire. Cela est certain, car le droit de propriété est entièrement distinct du fait de la possession. *In interdicto possessio, in actione proprietas vertitur* [2]. Il n'y aurait donc pas violation de

1. On trouvera cet arrêt au tome 31 de SIREY , 1, 080.
2. L. 14, § 3, D. *De excepl. rei judic.*

l'art. 1351, si le juge du pétitoire déclarait faux un fait reconnu vrai par le juge du possessoire, si, par exemple, quand ce dernier avait décidé que tels et tels faits étaient suffisants pour faire prononcer la maintenue en possession, le juge du pétitoire déclarait, au contraire, que ces mêmes faits pourraient s'expliquer par la tolérance et par le bon voisinage, et qu'ils ne pouvaient dès lors fonder la prescription [1]. En sens inverse, on doit reconnaître que le jugement rendu au pétitoire n'a pas au possessoire l'autorité de la chose jugée. Il est vrai que celui qui a d'abord attaqué au pétitoire ne peut plus revenir au possessoire (art. 26, C. Procéd.). Mais cette circonstance tient uniquement à ce que celui qui introduit d'abord une action pétitoire reconnaît par là-même, suivant le législateur français, la possession de son adversaire, ou du moins renonce à l'avantage de sa propre possession. En conséquence, il n'est plus recevable à agir au possessoire, si ce n'est en vertu d'une possession nouvelle [2].

§ II. — *Identité de cause.*

Le Code Napoléon exige, comme seconde condition de la chose jugée, que les causes des demandes soient identiques (art. 1351). *Oportet ut sit eadem causa petendi*, disait également la loi romaine.

Le mot *cause* n'a pas, dans notre matière, le même sens qui lui est attribué en matière d'obligations conventionnelles (art. 1131). Il n'est, en effet, employé dans la théorie de la chose jugée que pour désigner le fondement direct et immédiat du droit ou du bénéfice légal que les parties font res-

1. Cass., 25 janvier 1842. Sin., 42, 1, 972.
2. DURANTON, XIII, 468. La loi romaine n'avait pas admis cette présomption de reconnaissance du droit d'autrui, ou de renonciation à son propre droit. Les jugements rendus au pétitoire et au possessoire restaient dans une entière indépendance les uns des autres.

pectivement valoir l'une contre l'autre par voie d'action ou d'exception. Ainsi, la cause d'une demande, c'est la base immédiate sur laquelle elle s'appuie, c'est le principe même du droit considéré à son origine. On voit, dès lors, qu'on doit éviter de la confondre avec ce qu'on appelle les moyens de la demande, c'est-à-dire avec les divers éléments qui, soit simultanément soit séparément, servent à justifier de l'existence de la cause. Ces moyens sont sans doute des causes, puisqu'ils servent à fonder la prétention, mais des causes éloignées et médiates, des causes qui n'agissent que de loin et par derrière, qui n'ont d'autre but que d'appuyer, de fortifier la cause proprement dite, le principe générateur du droit. On les appellerait volontiers, et, dans la pratique, on le fait; des *causæ remotæ*; tandis qu'on donnera le nom de *causa proxima actionis* [1] au fondement immédiat de l'action, à son principe direct, à sa véritable cause [2].

Un exemple achèvera de mettre cette distinction en lumière. Primus a promis à Secundus de lui payer une somme de 10,000 francs. Le moment d'exécuter le contrat venu, Primus soutient que la convention est nulle parce qu'il y a eu, soit erreur de sa part, soit violence de la part de Secundus. Quelle est dans l'espèce la cause de nullité de l'action intentée contre le contrat? est-ce le dol, est-ce l'erreur, est-ce la violence? Non, en aucune façon : toutes ces circonstances ne sont

1. On trouve cette dernière expression dans un fragment du jurisconsulte Neratius, L. 27, D. *De except. rei judica.*

2. Pour faire saisir ces idées, Marcadé se sert d'une comparaison que je demande la permission de reproduire; elle est bizarre, mais son étrangeté même fait mieux ressortir la théorie qu'il s'agit d'exposer. Après avoir dit, comme nous venons de le faire, que les moyens sont de véritables causes, Marcadé ajoute : En physique, on a coutume, pour faire comprendre en quoi le nuage et le brouillard se ressemblent et diffèrent, d'appeler nuage le brouillard dans lequel on n'est pas, et d'appeler brouillard le nuage dans lequel on est. Eh bien! de même, en droit, on appellera cause le moyen qui motive immédiatement la prétention, et on appellera moyens les causes qui se trouveront plus éloignées (art. 1351, n° vi).

que les moyens de l'action, moyens qui constituent, qui justi-
fient la cause et qu'il faudra établir; mais qui ne sont pas la
cause elle-même. Cette dernière réside exclusivement dans le
vice du consentement, dans ce fait que la volonté des parties
n'était pas celle que la loi exige pour former des engagements
valables. C'est là le fondement immédiat et direct du droit
invoqué, c'est sa raison dernière, son motif prochain, sa cause
proprement dite.

J'insiste sur cette distinction : elle est de toute importance
dans notre matière. Tandis, en effet, que l'autorité de la chose
jugée n'existe que si les causes des actions sont identiques,
cette même autorité n'en subsiste pas moins, nonobstant la
diversité des moyens. Ainsi, pour nous servir de l'exemple
précité, si, après avoir attaqué le contrat comme entaché de
violence et n'avoir pas réussi sur ce point, Primus s'avisait
d'intenter une nouvelle action pour cause d'erreur, il serait
valablement repoussé par l'exception *rei judicatæ*, car les
moyens seuls seraient nouveaux, la cause serait la même. Il
faudrait, pour qu'il réussît dans une nouvelle demande, qu'il
la fondât sur une autre cause que le vice du consentement,
par exemple sur son incapacité, sur son état de mineur ou
d'interdit [1].

On peut s'étonner d'un pareil résultat. Il semble même injuste, au premier abord, et l'on serait tenté de se faire un argument du silence de l'art. 1351 pour refuser d'admettre la
distinction que nous venons d'établir entre la cause et les
moyens.

Cependant, avec quelque attention, il est facile de justifier
cette doctrine. Qu'on veuille bien, en effet, se représenter ce
que deviendraient les jugements, si l'on pouvait ainsi confondre la cause de l'action avec ses moyens justificatifs. Quelle
sûreté, quelle stabilité présenteraient-ils ? Tous n'auraient

1. Mourlon, *Répét. écrit.*, II, p. 837.

plus qu'un caractère provisoire, les droits de tous les citoyens demeureraient indécis et sans fixité, l'autorité de la chose jugée ne serait plus qu'un mot, ou ébranlerait l'une des bases les plus solides de l'ordre public. L'intérêt privé devait donc ici encore s'incliner devant l'intérêt de tous, et nul doute que le législateur français, à l'exemple du législateur de Rome, n'ait consacré et imposé ce sacrifice.

Il nous est impossible, on le comprend, d'exposer toutes les espèces et de rechercher l'identité ou la diversité des causes de chacune d'elles. Nous nous bornerons, comme nous l'avons déjà fait dans notre étude sur l'objet des jugements, à exposer et à discuter les principales questions sur lesquelles se sont prononcées la doctrine et la jurisprudence.

Il est d'abord certain que les vices de forme sont une seule et même cause, quoiqu'ils constituent des moyens divers. Ainsi, si nous supposons qu'une première demande de nullité formée contre l'ordonnance d'*exequatur* d'une sentence arbitrale, se fondait sur ce que les arbitres n'avaient pas prononcé dans le délai légal, il ne serait plus permis d'attaquer la même ordonnance sous le prétexte qu'elle avait été délivrée par un magistrat incompétent[1].

Et, en effet, la cause prochaine de l'action intentée contre un acte instrumentaire n'est pas tel ou tel vice particulier et spécialement mentionné; ce n'est pas l'incompétence du juge, ce n'est pas la prononciation de la sentence après le temps voulu par la loi : toutes ces circonstances ne sont que les moyens de l'action, sa cause consiste uniquement dans la nullité résultant du défaut de formes légales. Cette nullité déduite en jugement et rejetée, n'y peut plus être remise une seconde fois, sur un autre moyen de nullité, sur un vice de forme autre que celui d'abord proposé[2].

A l'exemple qui précède on peut en ajouter un autre non

1. L'espèce s'est présentée : elle a été résolue dans le sens indiqué au texte par un arrêt de cassation, du 29 janvier 1821. Sir., 21, 1, 209.
2. Bonnier, *Traité des preuves*, n° 690.

moins remarquable. Un jugement a rejeté une action en nullité
fondée sur ce que l'un des témoins instrumentaires était mineur : la même demande pourrait-elle être reproduite sous le
prétexte qu'un autre témoin était étranger ? Assurément non.
Quelle est, en effet, la *causa proxima* de la première action
en nullité ? C'est l'irrégularité de formes et non pas le fait particulier que j'ai articulé, non pas la minorité du témoin. Or,
ma seconde demande a également pour fondement immédiat
le défaut de formes. Le nouveau fait sur lequel je prétends
m'appuyer, l'idonéité du témoin, n'est encore qu'un moyen.
Les deux demandes ne diffèrent donc que par les moyens ; leurs
causes sont identiques, dès lors la dernière devra être repoussée
par l'exception de chose jugée.

Si deux demandes ont même cause, lorsque, tendant l'une
et l'autre à faire annuler un acte pour vice de forme, la seconde s'appuie sur une irrégularité dont on ne s'était pas prévalu dans la première instance, il faut reconnaître également
qu'il y aurait encore identité de causes dans deux actions
dont l'une ne différerait de l'autre que parce qu'elle s'appuie-
rait sur un moyen nouveau tiré d'une loi qui n'avait pas d'a-
bord été invoquée ni appliquée par l'arrêt ou le jugement passé
en force de chose jugée. Les moyens de droit peuvent être, en
effet, si divers, si nombreux, qu'on éterniserait les procès en
permettant de les recommencer parce que tel ou tel argument
aurait été laissé à l'écart. L'intérêt public ne saurait s'accom-
moder de cette prolongation illimitée des litiges, il lui importe
qu'ils reçoivent une solution prompte et définitive.

Mais il nous paraît impossible de ne pas décider qu'il n'y
a pas seulement nouveau moyen, mais aussi cause nouvelle
dans une demande qui tendrait à prouver qu'un acte est nul
pour vice de forme, après qu'on aurait inutilement tenté d'é-
tablir que le même acte était faux ou qu'il n'émanait pas
d'une personne saine d'esprit. Ce sont choses toutes différentes
en effet que des nullités résultant, celle-ci de l'absence d'une
condition essentielle à la validité intrinsèque d'une disposition,

par exemple, de la sanité d'esprit d'un testateur; celle-là, au contraire, du défaut de quelque condition essentielle à la validité de l'acte instrumentaire. Il est certain qu'un jugement statuant sur l'une de ces causes de nullité n'a pas autorité de chose jugée pour l'autre, et n'établit même pas pour elle un simple préjugé. De même, on ne saurait voir des causes identiques aux actions en rescision pour lésion; en résiliation ou résolution pour inexécution des engagements, pour vices cachés; en diminution de prix pour les mêmes motifs. La décision judiciaire, qui repousserait la demande fondée sur l'une de ces causes, ne ferait pas obstacle à ce que le même individu engageât une nouvelle instance en se fondant sur une autre des causes mentionnées.

Rien n'empêcherait encore celui qui n'aurait pu faire annuler une vente comme contraire à la loi ou aux bonnes mœurs, de demander l'annulation du même contrat pour cause de simulation. Enfin, tous les auteurs reconnaissent que le jugement, qui aurait rejeté une demande en rescision de partage pour cause de lésion, ne produirait pas l'exception de chose jugée à l'égard de la demande en nullité dirigée ultérieurement contre le même acte de partage, et fondée sur ce qu'il contiendrait aliénation d'un immeuble dotal. Il est inutile d'insister sur chacun de ces exemples qui n'offrent pas de sérieuses difficultés; la plus légère attention suffit pour faire reconnaître que l'identité de cause n'existe dans aucun d'eux.

On a demandé si, lorsque deux actions principales découlent concurremment d'une seule et même cause, le jugement intervenu sur l'une d'elles avait l'autorité de la chose jugée relativement à l'autre, lors même que cette dernière serait plus étendue ou qu'elle serait formée dans un but ou dans un intérêt différent. L'affirmative est incontestable. Elle est dans les termes, elle est dans l'esprit de l'art. 1351.

Dans les termes..... car l'article n'exige que l'identité de cause et non pas l'identité d'action; dans l'esprit....., car

tous les abus que la présomption de la chose jugée est desti-
née à prévenir se reproduiraient incessamment, s'il suffisait de
changer d'action pour avoir le droit de remettre en question
une affaire déjà vidée. *Eamdem causam facit origo petitionis*,
disait avec raison la loi romaine, et elle ajoutait avec non moins
de sagesse, *non refert utrum eodem an diverso genere actionis (seu
judicii), quis de ea re agere videtur* [1].

Ce principe est fécond en conséquences, et il convient de si-
gnaler les principales d'entr'elles.

Primus a acheté une chose infectée d'un vice rédhibitoire;
il a droit, aux termes de l'art. 1644 du Code Napoléon, à une
double action : 1° A l'action rédhibitoire proprement dite par
laquelle il obtiendra la résiliation de la vente, la restitution du prix, et même des dommages et intérêts; 2° à l'action
quanti minoris, par laquelle il obtiendra non pas la résiliation
de la vente, mais seulement la restitution d'une partie du prix
proportionnée à la moins-value que les défauts cachés donnaient à la chose vendue. Je suppose qu'il intente une de ces
deux actions, par exemple l'action rédhibitoire. Il est débouté
de sa demande par un motif quelconque, tel que le défaut
d'exercice dans le délai fixé par l'usage des lieux (art. 1648).

Non-seulement il ne lui sera plus permis d'intenter l'action
rédhibitoire, mais l'exercice de l'action *quanti minoris* lui
sera même refusé ; en épuisant l'une, il a également épuisé
l'autre. *Plane si una ex his emptor intra sex menses egerit, alter
agere amplius non potest, exceptione rei judicatæ repellendus* [2].

La théorie des legs nous offre un second exemple du principe qu'une fois une action exercée, il n'est plus possible de
revenir à une autre découlant de la même cause.

Un légataire a formé une action personnelle *ex testamento*
en délivrance d'un immeuble qu'il prétend lui avoir été légué.
S'il a été repoussé de sa demande, et qu'il veuille plus tard

1. L. L. 5 et 11, § 4, *De rei except. judic.*
2. L. 25, § 1, *D. except. rei judic.*, et VOET, *ad Pand. de œdil. edict.*

7

poursuivre l'héritier par la *rei vindicatio* ou par l'action hypothécaire de l'art. 1017 C. N., il se verra valablement opposer l'exception de chose jugée, parce que, quoique ces dernières actions soient nouvelles, elles ont cependant même origine que la première, elles prennent leur source dans le testament [1].

De même encore si, après avoir intenté la pétition d'hérédité et avoir succombé, le même individu revendiquait des objets composant cette hérédité, il y aurait lieu de faire usage de l'exception *rei judicatæ*; la seconde action diffère, en effet, de la première par sa nature; mais sa cause prochaine n'en est pas moins la même. Or, cette cause a été comprise tout entière dans le premier jugement qui, en repoussant l'une des actions, rend par cela même toutes les autres non recevables (L. 3 et 7, § 4, *De except. rei judic.*).

Mais il faut bien se garder de l'oublier, tous ces effets ne se produisent et la nouvelle demande n'est déclarée non recevable qu'autant que sa cause est parfaitement identique à celle qui a été d'abord intentée. S'il existe une différence, si légère qu'elle soit, outre les causes des actions, le jugement intervenu sur l'une des actions n'emporte certainement pas chose jugée quant à l'autre; l'exercice de la première n'épuise pas l'autre : *Actiones de eadem re concurrentes, alia aliam non consumit* [2].

C'est ainsi, par exemple, que je pourrai demander comme acheteur, comme légataire, comme donataire, un immeuble dont j'aurai d'abord inutilement demandé la remise en me fondant sur ce que je l'aurais affermé. Ainsi encore, le rejet d'une action tendant à obtenir la propriété d'un immeuble que je prétends m'avoir été vendu, ne ferait pas obstacle à ce que je demande le même immeuble à titre de légataire.

---

1. L. 76, § 8, *De leg.* 2º Voet, *ad Pand. De except. rei judic.*, nº 4. — Aubry et Rau, t. VI, p. 501.
2. L. 130, D. *De reg. juris.*

Dans tous ces cas, il y a en effet nouvelle action fondée
sur une cause qui n'est plus la même. C'est une autre question, une autre demande qu'on présente à juger, et l'on ne
saurait, sans se mettre en opposition avec la vérité, présumer qu'un individu, en exerçant une des actions qui concou-
raient dans sa personne, renonce par cela même à l'exercice
de toutes les autres.

Il y aurait cependant un cas, suivant Toullier, où plusieurs
actions, quoique fondées sur des causes différentes, ne pourraient être intentées les unes après les autres. Ce serait lorsque ces actions, séparées dans leur origine, et appartenant à
plusieurs, auraient été, par l'action d'hérédité, identifiées et
confondues dans une seule et même personne[1].

Cette opinion ne nous semble pas admissible, et le motif
sur lequel son auteur prétend l'appuyer nous paraît complétement erroné. Comment soutenir, en effet, qu'il y a confusion dans l'hypothèse dont il s'agit ?

La confusion, aux termes bien précis de l'art. 1300, n'est
que la réunion, dans une même personne, des qualités de
créancier et de débiteur d'une même obligation. Or, est-ce
ce qui se passe dans l'espèce prévue par Toullier ?

Je vois bien une créance venant s'ajouter à une autre
créance, une action s'unissant à une autre action; mais où
est le droit passif, où est la dette qui vient se confondre dans
un même individu avec une créance déjà existante? Pourquoi,
dès lors, si la confusion n'existe pas, l'acquisition d'une nouvelle action par une personne déjà en possession d'une action
relative au même objet, supprimerait-elle l'exercice de cette
dernière et la rendrait-elle superflue ?

Sans aucun doute l'individu, aux mains de qui existera
ainsi une double action, pourra intenter l'une et l'autre par
le même exploit d'ajournement, de manière à ce qu'il n'y ait
qu'une seule instance. Il y trouvera une économie de frais

[1]. X, 143.

jointe à cet autre avantage de terminer deux procès par un seul jugement ; mais enfin, s'il ne veut pas user de cette faculté, il n'existe aucune loi pour l'y contraindre, aucun texte pour lui défendre, quand il aura été débouté de sa première action, de revenir à l'autre et de s'en servir. Bien au contraire, l'art. 1351 exige formellement, et sans aucune exception, que les causes soient identiques. Or, cette condition fait défaut dans notre hypothèse. Comment donc la chose jugée s'étendrait-elle d'une action à l'autre ? Comment l'exercice de la première rendrait-elle impossible l'exercice de la seconde ?

L'opinion de Toullier est donc une erreur certaine, et c'est avec raison qu'elle a été rejetée par l'universalité des auteurs.

Toutes les règles que nous venons de tracer sur le deuxième élément constitutif de la chose jugée reçoivent leur application sans qu'il y ait à distinguer la nature de l'action intentée. Qu'elle soit réelle, qu'elle soit personnelle, il n'importe, et le principe est le même dans tous les cas, l'autorité de la chose jugée n'existant que moyennant l'identité de cause.

A la vérité, on pourrait objecter que celui qui revendique un droit réel d'une manière générale, sans exprimer sur quel titre il se fonde, est censé avoir déduit en justice toutes les causes d'acquisition, sur lesquelles sa prétention peut s'appuyer, et n'est plus recevable, dès lors, à reproduire sa demande, même en vertu d'une cause nouvelle ; mais cette hypothèse, possible en droit romain [1], ne l'est plus dans notre législation. Il est prescrit, en effet, à peine de nullité, que tout exploit d'ajournement contienne l'exposé sommaire des moyens (art. 61, Code Procéd.). Le demandeur sera donc

---

1. Certains commentateurs ont soutenu qu'elle n'était pas seulement possible, qu'elle était nécessaire et forcée dans toutes les actions *in rem* et notamment dans la *rei vindicatio*. C'est une erreur. Les actions réelles, tout aussi bien que les actions personnelles, pouvaient contenir l'indication d'une cause déterminée. On en a la preuve certaine, du moins à mes yeux, dans les L. L. 11, § 2 et 14; § 2, D. *De except. rei judicatæ*.

toujours obligé, même dans une action réelle, d'énoncer la cause en vertu de laquelle il agit. Il en résultera que toutes les autres causes resteront en dehors du procès, que la chose jugée ne les atteindra en aucune façon, et qu'elles pourront très-valablement être proposées dans une nouvelle instance.

Rien de plus équitable, au surplus, qu'une pareille doctrine.

Le demandeur a en effet, pu légitimement ignorer la coexistence des divers droits réels dont il était en possession : s'il les a connus, il se peut qu'il se soit trompé sur la valeur de certains d'entre eux, qu'il ait cru tel ou tel peu fondé et sans chance d'être reconnu. Si plus tard il reconnaît son erreur, s'il découvre qu'un titre d'abord dédaigné par lui constitue un acte sérieux et capable de faire triompher ses droits en justice, sera-t-il juste qu'il ne puisse plus s'en prévaloir, qu'il soit ainsi victime d'une erreur bien excusable ? Aucun texte législatif ne consacre une disposition aussi rigoureuse, et ce serait assurément ajouter à la loi que d'exiger d'un plaideur, à peine de déchéance, l'allégation, dans une seule et même instance. de tous les droits dont il est nanti relativement à un objet.

Rien n'empêcherait donc celui qui aurait agi en revendication comme héritier *ab intestat*, d'agir comme héritier testamentaire, et réciproquement. Il n'y aurait, non plus, aucun obstacle à ce que le même homme, qui aurait été débouté d'une première action fondée sur un testament, commençât un nouveau procès en s'appuyant sur un testament antérieur ou postérieur à celui qu'il avait d'abord invoqué [1].

S'il est vrai que, lorsque plusieurs causes existent simultanément et cumulativement au profit d'un même demandeur, l'autorité de la chose jugée ne résulte que pour celles expressément proposées ; à plus forte raison, en sera-t-il de même quand ces causes n'auront été acquises ou ne seront sur-

[1]. Cass., 3 mai 1841; Sir., 41, 1, 720.

venues que successivement, les unes après les autres, et depuis la prononciation du jugement. Ainsi, le légataire sans condition, qui aurait réclamé la propriété de la chose léguée, non en vertu de son legs, mais en se fondant sur un autre titre qu'il pensait également posséder, pourra revendiquer la même chose comme légataire, quand la condition se sera réalisée[1]. L'individu qui, n'étant pas héritier, aura formé inutilement une demande contre le possesseur d'une succession, sera recevable à intenter une nouvelle action quand il sera devenu héritier[2]. Celui qui, n'ayant qu'une moitié de l'usufruit, aura succombé dans la demande de la totalité de cet usufruit, sera fondé à réclamer la moitié de ce même usufruit, si elle lui accroît ultérieurement *jure accrescendi*[3].

Dans tous ces cas, il est évident que la cause est essentiellement différente de celle sur laquelle s'appuyait la première demande, qu'elle n'a pu être l'objet d'aucune décision et qu'en conséquence, elle pourra toujours donner lieu à une nouvelle action sans qu'il y ait violation de la chose jugée.

§ III. — *Identité des parties.*

Il ne suffit pas, pour qu'une demande soit repoussée par l'exception de la chose jugée, qu'elle ait même cause et même objet qu'une autre demande déjà portée en justice ; l'art. 1351 exige encore comme troisième et dernière condition qu'elle soit formée entre les mêmes parties agissant en les mêmes qualités. La mise en demeure de se défendre personnellement est en effet de l'essence même de la justice ; et l'on ne comprendrait pas qu'un homme pût être condamné sans avoir été préalablement appelé à discuter ses droits.

1. L. 11, § 4, *In fine de except. judic.*
2. L. 8, eod. tit.
3. L. 14, § 1, eod. tit.

De là, cette double maxime dont notre législation ne s'est jamais départie : *Res interalias judicata neque emolumentum afferre his qui judicio non interfuerunt neque præjudicium solent irrogare* (L. 2, C. *Quib. res judic. non nocet,* l. 63, D. *De re judic.*).

La première règle à poser, au début des longues explications que nous aurons à fournir sur ce paragraphe, c'est qu'il n'est pas nécessaire, pour être considéré comme partie dans un procès, d'y avoir figuré personnellement. Il suffit qu'on y ait été représenté par un mandataire, soit légal, soit conventionnel, et que ce mandataire ait agi régulièrement, c'est-à-dire dans les limites et suivant les conditions du mandat qui lui était conféré.

C'est ainsi que ce qui a été légalement décidé avec un tuteur est réputé l'avoir été avec le mineur ou l'interdit (art. 450 et 609), sauf à ces derniers la voie de la requête civile, s'ils n'ont pas été valablement défendus (art. 481, C. Pr.). Pareillement, ce qui a été jugé avec un mari, en cette qualité, dans les cas où la loi lui donne l'exercice des actions de sa femme, est censé jugé avec celle-ci, quoiqu'elle n'ait pas été mise en cause. C'est ce qui a lieu, notamment sous le régime de communauté, pour les actions mobilières et possessoires relatives aux propres de la femme; sous le régime d'exclusion de communauté, pour les mêmes actions; sous le régime dotal, pour toutes sortes d'actions relatives aux biens dotaux.

En vertu du même principe, les jugements rendus pour ou contre les administrateurs d'une commune ou d'un établissement public, agissant en cette qualité, profitent ou préjudicient à la commune ou à l'établissement public.

Remarquons toutefois que, dans cette dernière hypothèse, lorsqu'il s'agit de personnes morales, on ne saurait dire que les membres qui en font partie sont individuellement représentés par ces personnes, en ce qui touche les droits qui peuvent leur appartenir en leur nom personnel et particulier. Le jugement rendu contre le corps moral légalement représenté ne leur est donc pas applicable, en ce qui est relatif à leurs droits privés, et rien ne les empêcherait d'y former tierce opposition. J'ajoute qu'on ne doit pas non plus considérer comme personnes morales les communautés ou corporations, telles que les compagnies d'officiers ministériels. Les jugements rendus contre elles n'auraient donc autorité de chose jugée que vis-à-vis les membres qui auraient personnellement figuré dans l'instance (Civ. rej., 28 août 1838; Sir., 38, 1, 808.)

Lorsqu'une succession est vacante, la loi lui nomme un curateur; tout ce qui a été jugé avec ce dernier, dans la limite des pouvoirs qui lui sont conférés, oblige ceux à qui l'hérédité reviendra plus tard. Il en est de même des jugements rendus pour ou contre les syndics d'une faillite, à l'égard des créanciers et du failli; de même encore des jugements rendus pour ou contre les gérants ou administrateurs d'une société de commerce, à l'égard de tous les associés.

Enfin, si nous supposons que des jugements aient été rendus avec le grevé avant l'ouverture de la substitution, ils auront autorité de la chose jugée à l'égard des appelés, à la condition, bien entendu, s'il s'agit de jugements rendus contre lui, que le tuteur nommé à la substitution ait été convoqué, et que le ministère public ait donné ses conclusions.

Il n'y a donc aucune difficulté sur ce point, et toutes les fois que des décisions judiciaires seront intervenues pour ou contre un représentant agissant en cette qualité et dans les limites de ses pouvoirs, elles pourront être opposées au représenté ou opposées par lui, car il sera réputé avoir été partie dans l'instance.

Mais ce cas de représentation n'est pas le seul dans lequel un individu, quoique n'ayant pas figuré en personne dans un procès, soit cependant censé y avoir pris part. Il faut en dire autant de l'hypothèse où nos auteurs, c'est-à-dire ceux dont nous sommes les ayants-cause à titre universel, et, dans certains cas, à titre particulier, ont été parties dans le litige ou y ont été représentés. Il n'est plus permis, dans ces circonstances, de critiquer les décisions prises par le tribunal.

Ainsi, en premier lieu, les héritiers à titre universel sont tenus des faits de leur auteur. Ils représentent la personne, ils succèdent à tous ses droits actifs ou passifs, quels qu'ils soient, et ce qui a été jugé contre lui ou en sa faveur est censé jugé contre eux ou à leur profit. Il importe peu du reste qu'ils aient accepté la succession sous bénéfice d'inventaire; la seule modification que cette qualité de bénéficiaire apporte au principe de la chose jugée, c'est que si le jugement a prononcé des condamnations personnelles contre le défunt, l'héritier n'est tenu de les exécuter que d'après les règles fixées par l'acceptation sous bénéfice d'inventaire (art. 802). Ces principes sont encore applicables aux légataires et donataires universels, ou à titre universel, car les uns comme les autres *loco heredum habentur*. Ils ne font avec leur auteur qu'une seule et même personne. Mais remarquons que, dans tous ces cas, il doit s'agir de droits appartenant au défunt et exercés à ce titre, car, si l'héritier demande, en son nom et en vertu de son droit propre et personnel, ce qu'il avait d'abord vainement demandé à la même personne, en qualité d'héritier, il est évident que l'exception de la chose jugée ne lui serait pas opposée; pas plus qu'elle ne le serait s'il réclamait en qualité d'héritier une chose qu'il avait d'abord lui-même demandée en son nom personnel, mais sans succès (L. 10. D. *De præscript. et except.*).

Parmi les successeurs à titre particulier, il en est également qui sont censés avoir été représentés par leur auteur: ce sont d'abord, et en règle générale, tous ceux dont les titres d'acquisition sont postérieurs aux instances engagées avec lui, ou ne sont devenus efficaces à l'égard des tiers que depuis la prononciation du jugement. Ainsi, soit un immeuble que Primus a inutilement revendiqué: s'il l'aliène postérieurement à la décision judiciaire et malgré elle, ou si, l'ayant aliéné antérieurement par vente, échange ou transaction, le titre d'aliénation n'a été transcrit que depuis l'introduction de la demande, le jugement rendu contre lui aura l'autorité de la chose jugée contre le nouvel acquéreur [1]. Réciproquement, si le tribunal lui a donné gain de cause, et a reconnu le droit de propriété, il pourra, en toute sécurité, aliéner l'immeuble, et les acquéreurs auront le droit de se prévaloir de la décision intervenue en sa faveur. Il est indifférent, au surplus, qu'il s'agisse de successeurs singuliers à titre onéreux ou à titre gratuit, car ceux-là sont aussi des ayants-cause comme les premiers [2]. On ne devra pas également se préoccuper de cette circonstance que l'acquéreur a eu connaissance du procès engagé depuis son acquisition entre son auteur et un tiers, et qu'il s'est abstenu d'y intervenir ou de notifier son titre à ce dernier. Il a été jugé, avec raison, que ce fait n'était pas de nature à faire considérer l'acquéreur comme ayant été représenté au procès par celui dont il tient ses droits (Civ. Cass.; Sir. 19,1,24).

Comme les personnes qui ont succédé à leur auteur depuis le jugement, les créanciers chirographaires sont censés représentés par leur débiteur dans toutes les instances qu'il soutient seul contre des tiers, quels que soient la nature et le but de ces instances. Il n'y aurait pas à considérer l'époque à laquelle remontent leurs droits, ni à distinguer si elle est antérieure ou postérieure aux jugements rendus. Je crois même, malgré l'opinion contraire de MM. Aubry et Rau, que, si le jugement d'où résulte la chose jugée avait été rendu au profit d'un créancier, et qu'il eût pour objet de reconnaître à celui-ci un droit de privilège, d'hypothèque, de nantissement ou tout autre droit de préférence, il n'en serait pas moins opposable aux autres créanciers chirographaires : ceux-ci ne peuvent exercer que les droits de leur débiteur, et ils doivent s'imputer de n'avoir exigé aucune garantie. Tout ce qui leur serait permis serait, je pense, de former tierce opposition aux décisions qui auraient été rendues en fraude de leurs créances

1. L. 28, § 1, D. *De except. rei judic.*
2. POTHIER, n° 67.

(art. 1167). Dans ce cas en effet, ils feraient valoir un droit personnel dans l'exercice duquel ils n'ont pas été représentés par leur débiteur. Celui-ci, comme on l'a dit, bien loin d'être leur auteur, serait, au contraire, leur adversaire à cet égard [1].

Faut-il appliquer aux créanciers hypothécaires les mêmes règles qu'aux créanciers chirographaires, et doit-on reconnaître que le jugement rendu contre un débiteur, sur une question de propriété d'immeuble, est opposable même au créancier hypothécaire dont le titre est antérieur au procès ? Merlin a soutenu l'affirmative, et son opinion, suivie par quelques autres auteurs, a été consacrée par la jurisprudence. Voici sur quels arguments il l'appuie. Tout créancier, dit-il, même avec hypothèque spéciale, est nécessairement l'ayant-cause de son débiteur. C'est de ce dernier qu'il tire son droit; il n'est créancier hypothécaire que parce que son débiteur lui a affecté ses biens; mais cette affectation, ne l'a rendu ni copropriétaire ni usufruitier; elle ne lui a conféré qu'un droit subordonné à la propriété personnelle du débiteur, et, s'il vient à être jugé avec celui-ci que sa propriété n'existe pas, ou qu'elle est dans le cas d'être résolue par l'effet d'une cause inhérente au titre même d'où elle dérive, alors il faut bien que l'hypothèque du créancier s'évanouisse avec elle : *resoluto jure dantis, resolvitur jus accipientis* [2].

Ce raisonnement ne me semble pas juste, et je crois qu'il constitue, tout bien considéré, une véritable pétition de principe.

De quoi s'agit-il, en effet, dans l'espèce ? De savoir si l'immeuble appartenait à celui qui l'a hypothéqué. Or, c'est ce que soutient précisément le créancier; il affirme qu'il a traité avec le propriétaire, il prétend que le débiteur s'est laissé très-mal à propos condamner, soit en faisant défaut, soit en ne présentant pas tous ses titres de propriété, soit en ne les faisant pas

1. Sir., 41, 1, 552.
2. *Quest.*, v° *Oppos.* (tierce), § 1.

bien comprendre au juge; et, quand on lui oppose le jugement qui a déclaré l'immeuble appartenir à un tiers, il en repousse l'autorité, par cette raison péremptoire qu'il a été étranger à l'instance soulevée par son débiteur, que le procès est pour lui *res inter alios acta*.

Si le jugement rendu contre le débiteur est opposable au créancier hypothécaire, il le sera également à l'usufruitier, à l'usager, au propriétaire de servitudes ; car l'hypothèque est un des éléments du droit de propriété, comme l'usufruit et l'usage. Quelques auteurs nient, il est vrai, ce caractère du droit hypothécaire : mais au moins reconnaissent-ils qu'il constitue un droit réel qui suit l'immeuble, qui le grève, et dont le créancier ne peut plus être dépouillé que par un fait à lui personnel.

A la vérité, notre système fait naître, dans la pratique, d'assez graves difficultés ; mais depuis quand des considérations de cette nature autorisent-elles les magistrats à se mettre en contradiction avec les principes et les textes.

S'est-on, du reste, bien rendu compte des conséquences auxquelles conduit l'opinion opposée ? S'il est incommode de mettre en cause un grand nombre de créanciers hypothécaires, n'est-il pas dangereux de les laisser à la merci d'un débiteur qui, le supposât-on même de bonne foi, pourrait encore, par défaut d'intérêt, par indifférence, négliger la défense de ses droits, et laisser peut-être intervenir des jugements par défaut sur des actions en revendication formées contre lui ? Un pareil résultat porterait une grave atteinte au crédit public, en ébranlant la sûreté des hypothèques.

Au surplus notre décision était celle des jurisconsultes romains. *Creditor in locum victi successisse non videbitur, quum pignoris conventio sententiam processerit*, dit Papinien dans la loi 29, § 1, D. *De except. rei judic.* Pothier a reproduit la même doctrine (*Des Oblig.*, n° 905), et rien ne nous autorise à penser que les rédacteurs du Code ont entendu renverser l'ancien

système pour y substituer celui que consacre aujourd'hui la
généralité des tribunaux. Il faut donc espérer que tôt ou
tard, et par un retour salutaire, une nouvelle étude de la
question amènera la jurisprudence à la consécration des principes que nous avons exposés [1].

Si l'exception de la chose jugée passe de la personne de
l'auteur à celle du successeur à titre particulier, elle ne peut,
réciproquement, passer de la personne du successeur à celle
de l'auteur. Celui-ci n'est point, en effet, l'ayant-cause de
celui-là, puisqu'il ne tire point son droit de lui.

L'application de ce principe conduit aux décisions que je
vais indiquer dans les espèces qui suivent :

Vous avez vendu une chose héréditaire : je m'en prétends
propriétaire, et j'actionne votre acquéreur devant la justice.
Si je triomphe dans ma demande, je ne pourrai pas vous
opposer l'exception *rei judicatæ*, lorsque vous intenterez une
action contre moi; à supposer, bien entendu, que vous n'ayez
pas figuré dans la première instance. L'exception de la chose
jugée, dit en effet Julien, passe du vendeur à l'acheteur,
mais ne remonte pas de l'acheteur au vendeur [2].

En sens inverse, et dans la même espèce, si j'ai succombé
dans la demande que j'ai formée contre votre acquéreur, et
que j'intente ensuite action contre vous qui êtes rentré en
possession de la chose, vous ne pourrez pas m'opposer
l'exception *rei judicatæ*. *Item, si victus fuero, tu adversus me
actionem non habebis* [3].

Le jugement est en effet, à votre égard, *res inter alias acta
quæ tertio non nocet neque prodest*.

Je pense, néanmoins, qu'il faudrait faire exception à cette
règle, et que la décision du tribunal serait opposable, même de
votre part, si vous étiez rentré dans la possession du fonds par

1. V. dans ce sens DURANTON, XIII, 507 ; MARCADÉ, sur l'art. 1351, no 12.
2. L. 9, § 2, *De except. rei judic.*
3. L. 10, *eod. tit.*

suite d'une vente ou rétrocession consentie par votre acquéreur. Il serait en effet exact de dire que, dans ce cas, vous
êtes devenu l'ayant-cause de ce dernier. Or, nous l'avons
prouvé, *successori prodest et nocet res cum auctore judicata.*

Voët a même écrit qu'il faudrait donner une solution identique et vous permettre encore l'usage de l'exception *rei judicatæ*, dans le cas où l'objet vendu rentrerait dans votre
possession par défaut de payement, ou pour quelque autre
cause qui aurait amené la résolution ou l'annulation de la
vente. Mais cette doctrine nous paraît douteuse, comme à
M. Duranton[1], et nous avons peine à découvrir les raisons sur
lesquelles elle pourrait s'appuyer.

Du principe que l'autorité de la chose jugée n'a pas lieu à
l'égard des personnes qui n'ont pas été parties, et qui ne sont
pas les successeurs de quelqu'une des parties, il résulte que le
jugement intervenu contre les créanciers d'une succession,
exerçant comme tels les droits qui en dépendent, n'a pas effet
à l'égard des héritiers (L. 9, § 2, *De except. rei judic.*).

De même, celui rendu contre un cohéritier ne sera pas
opposable au cohéritier; il n'y a pas en effet entre eux filiation d'intérêts, mais simple connexité. C'est donc avec raison
qu'un arrêt assez récent de la Cour de Cassation (10 août 1858)
a cassé un arrêt de la Cour d'Angers qui avait fait profiter des
cohéritiers de l'annulation d'un testament prononcé au profit
de leurs cohéritiers. Par le même motif on doit reconnaître
que, si une demande a été inutilement formée contre l'un des
héritiers d'un débiteur, rien n'empêcherait d'en intenter une
autre pour la même cause, mais contre un autre héritier, et
cela, quand même la première demande aurait eu pour objet
la totalité de la dette, car il n'y aurait toujours chose jugée
que pour la part de l'héritier mis en cause, s'il n'avait pas
mandat de ses cohéritiers pour les défendre en ce qui concer-
nait leurs droits : *Et si eadem quæstio in omnibus judiciis ver-*

1. XIII, 513.

titur , tamen personarum mutatio cum quibus singulis pro nomine agetur, aliam atque aliam rem facit (L. 22, h. t.)..

Dans le droit romain , les jugements qui déclaraient nulle l'institution d'héritier pouvaient être opposés aux légataires : c'était la conséquence de la règle que les diverses dispositions d'un testament étaient subordonnées à l'institution d'héritier : *Ab institutione heredis pendent omnia quæ testamento continentur*, de telle sorte que le jugement qui annulait l'institution annulait par cela même les legs et les fidéicommis.

La même décision ne saurait être admise dans le droit français où , comme on le sait , les diverses dispositions d'un testament demeurent indépendantes les unes des autres. Ce qui a été jugé contre un légataire même universel ne saurait donc être opposé à un autre, l'instance fût-elle relative à la validité du testament.

C'est un point hors de doute et universellement admis que les jugements rendus en faveur du débiteur profitent à la caution [1].D'une part, en effet, l'obligation de la caution ne peut exister sans l'obligation principale , et ne peut même pas excéder cette dernière ni être contractée sous des conditions plus onéreuses (art. 2012, 2013, C. N.). D'un autre côté, si la caution pouvait être poursuivie, le jugement ne produirait en réalité aucun effet, puisque le principal obligé qui l'aurait obtenu pourrait être contraint de payer, par suite de l'action récursoire du fidéjusseur.

Il faut donc considérer la caution comme l'ayant-cause du débiteur , et lui permettre d'invoquer tous les jugements qui déclareraient la dette nulle , éteinte, ou moins onéreuse que ne le prétendait le créancier.

Mais la réciproque est-elle vraie et, si le jugement est rendu contre le débiteur, réagira-t-il également contre la caution ?

1. Sauf le cas, bien entendu, où le débiteur n'aurait été déchargé que par suite d'une exception purement personnelle.

Cette question a été, dans l'ancienne jurisprudence, l'objet de controverses très-vives qui se sont perpétuées jusque de nos jours. *In quo jura et doctores videntur varii.*

Un grand nombre d'auteurs enseignent que le fidéjusseur est représenté par l'obligé principal dans toutes les instances, quelle que soit leur issue. Son obligation, disent-ils, est dépendante de celle du débiteur : *Totum pendet ex obligatione principalis rei.* Celui-ci étant, en outre, le plus intéressé à la nullité de la dette, c'est lui qui fera le mieux valoir les moyens de défense. S'il y a eu fraude ou négligence de sa part, le fidéjusseur pourra appeler du jugement[1].

Je ne saurais admettre cette décision, ni les motifs sur lesquels elle s'appuie. Il n'est pas d'abord bien exact de dire que l'obligé principal représente la caution. Si cette dernière profite des jugements rendus en faveur du débiteur, ce n'est pas tant parce qu'elle a été représentée par lui, que parce que, ainsi que nous l'avons vu, la caution ne peut jamais être tenue plus sévèrement que celui qu'elle cautionne. D'un autre côté, si son obligation dépend de celle du débiteur, elle ne se confond pas dans elle; quand donc la caution invoque une cause de nullité d'extinction ou de diminution de la dette, elle agit en son nom, en son nom propre et non pas au nom du débiteur. C'est son obligation qu'elle défend, c'est son engagement qu'elle prétend ne pas exister ou n'être pas aussi étendu qu'on le soutient; et, en agissant ainsi, je le répète, elle n'a pas recours à l'art. 1166. Il en résulte qu'elle ne peut être considérée comme ayant été représentée au procès, et que ce qui y a été décidé est pour elle *res inter alios acta.* Voyez, du reste, à quelles conséquences conduit l'opinion contraire. Si vous admettez que les jugements rendus contre le débiteur sont opposables au fidéjusseur, il faut dire que les aveux extrajudiciaires, que les simples déclarations

---

1. MERLIN, *Quest.*, v° *Chose jugée*, § 18, n° 4; BONNIER, n° 700. — Cass., SIR., 35, 1, 376.

le seront également. Or, comme le disent avec vérité MM. Aubry et Rau, il suffit d'une telle proposition pour en faire comprendre aussitôt, non pas seulement les dangers, mais la profonde inexactitude [1].

Considérons donc comme constante cette proposition que les jugements rendus avec le débiteur principal peuvent profiter à la caution, mais ne lui nuisent en aucun cas.

Il faut appliquer la même doctrine, et faire la même distinction, quand il s'agit de déterminer, relativement aux créanciers ou débiteurs solidaires, les effets des décisions intervenues avec un ou plusieurs des créanciers ou des débiteurs. Si la décision est favorable, elle pourra être invoquée par eux; si elle est défavorable, elle ne leur sera pas opposable.

Je trouve la preuve de cette double allégation dans les principes qui composent la théorie de la solidarité. D'une part, en effet, et pour ce qui concerne les créanciers solidaires, on sait qu'ils sont censés s'être constitués les mandataires ou les représentants les uns des autres, à l'effet de poursuivre le payement de la dette et de faire tous les actes qui peuvent conserver ou améliorer la créance commune. Ainsi, l'un d'eux interrompt-il la prescription ? Il l'interrompt pour les autres, non moins que pour lui. Forme-t-il une demande en justice pour faire courir les intérêts ? Les intérêts courent au profit de tous. Constitue-t-il le débiteur en demeure. La demeure existe à l'égard de tous (art. 1198 et 1365, C. N.)... Donc, et par application directe de la même règle, les jugements rendus en faveur d'un seul des créanciers solidaires profiteront à tous les autres.

Au contraire, ces mêmes créanciers ne se sont évidemment pas donné mandat de faire des actes qui peuvent leur porter préjudice; la nature même des choses répugne à une pareille idée, et aucun texte ne la consacre. Donc, si l'un d'eux fait remise de la dette au débiteur, s'il lui défère le serment...,

---

1. T. VI, p. 488, note 39.

8

aucun de ces actes n'aura d'effet que pour la part de ce créancier; et si un jugement était intervenu contre lui, on devrait décider toujours par application de la même règle, que la décision judiciaire sera considérée vis-à-vis des autres comme *res inter alios acta* [1].

En second lieu, et relativement aux débiteurs solidaires, je retrouve également les mêmes principes. Il existe un mandat de se représenter les uns les autres pour tout ce qui pourra améliorer leur position, mais aucun d'eux n'a reçu mission de représenter les autres dans les actes qui compromettent leurs intérêts et leur position. En conséquence, si un jugement a été rendu en faveur de l'un des débiteurs, il profitera aux autres [2]; s'il a été rendu contre lui, il ne leur sera pas opposable.

Tous les auteurs n'admettent pas cette dernière règle. Ils reconnaissent bien que la chose jugée contre un débiteur solidaire ne peut préjudicier aux autres, quand les débiteurs non actionnés ont des exceptions toutes personnelles à faire valoir, ou encore quand le débiteur mis en cause n'a pas proposé les exceptions communes; mais, quand une exception de cette nature a été opposée et sans succès, ils nient que les autres codébiteurs aient le droit de l'opposer de nouveau; ils soutiennent, au contraire, que le jugement rendu dans ces conditions a autorité contre eux tous.

En effet, disent-ils, lorsque le jugement est favorable, on reconnaît que les débiteurs solidaires en profitent, et cela, pour quelle raison? Parce qu'ils ont été représentés par un codébiteur qui a été partie dans l'instance. Eh bien! pourquoi ne seraient-ils pas encore représentés quand le procès n'a pas été gagné? Quelle influence cette circonstance d'un procès

1. DURANTON, XIII, 521; MARCADÉ, art. 1350, n° 13.

2. Je suppose, ici encore, que le jugement a été basé sur des moyens communs à tous les débiteurs, car, s'il n'a été rendu que sur le fondement d'une exception personnelle au défendeur, il est constant que les débiteurs qui n'ont pas figuré dans le jugement ne pourraient pas s'en prévaloir.

perdu peut-elle exercer sur l'étendue et la nature du mandat donné ? Il n'existe aucun texte dans nos Codes qui puisse autoriser à limiter ce mandat de représentation aux seuls cas de succès. Tout au contraire, nous voyons, par les articles 1206 et 2249 du Code civil, que les codébiteurs solidaires peuvent avoir à souffrir de faits passés avec un seul débiteur. Enfin, s'il est juste que l'autorité de la chose jugée soit opposée à un adversaire qui a succombé, l'équité veut qu'il ne soit pas forclos du droit de s'en prévaloir, lorsqu'il a obtenu gain de cause [1].

Cette argumentation est spécieuse, mais elle n'est que spécieuse, et voici pourquoi : On a tort, d'abord, d'invoquer les art. 1206 et 2249. Que disent-ils, en effet ? Que le créancier qui dirige des poursuites contre l'un des débiteurs solidaires interrompt la prescription à l'égard de tous. Mais pourquoi cet effet se trouve-t-il produit ? Ce n'est pas par application de ce prétendu principe que le créancier peut, en poursuivant l'un des débiteurs, améliorer sa position vis-à-vis des autres ; c'est uniquement parce que, dans ces engagements solidaires, le créancier qui a le droit de demander le tout à chaque débiteur, ne jouirait pas complétement de cette faculté, si, en s'adressant à un seul de ses obligés, il ne pouvait pas, même à l'égard des autres, conserver tels quels les droits qu'il prétend avoir contre eux.

Quant à la restriction qu'on se plaint de ne pas rencontrer dans le Code, nous n'hésitons pas à dire nous-même qu'il est impossible de la découvrir dans aucun texte. Mais pourquoi ? Pour une raison à la vérité bien simple, et qu'on peut s'étonner de voir méconnue par tant d'auteurs : c'est que le mandat général de représentation qu'on dit exister entre les débiteurs solidaires n'existe pas en réalité, c'est qu'il n'est écrit nulle part, c'est qu'on peut défier d'en découvrir aucune trace dans nos Codes.

1. MERLIN, *Quest.*, v° *Chose jugée*, § 18, n° 2 et 3. — TOULLIER, x, 202 et 203. — CHAUVEAU sur CARRÉ, L. sur la Procédure, quest. 615.

Nous voyons bien, en effet, par les art. 1281, 1284, 1365, al. 4.... du Code Napoléon que le législateur admet et suppose une représentation des codébiteurs solidaires, les uns par les autres, toutes les fois qu'il s'agit d'améliorer leur position ; mais, quand cette position doit être aggravée, je demande où est le texte qui nous fait supposer encore l'existence du mandat.

Dira-t-on qu'à défaut de loi précise, le mandat résulte de la nature de l'obligation solidaire ? Mais, cette obligation, si elle est unique quant à son objet, *quoad rem*, elle est multiple quant aux personnes qui s'y trouvent comprises, *quoad personas*. Il y a autant d'engagements que de personnes obligées ; dès lors, il est faux de dire que ce qui a été jugé contre l'un a été jugé contre l'autre, car, *mutatio personarum, cum quibus singulis nomine agitur, aliam atque aliam rem facit*.

Le mandat général de représentation n'est donc en réalité qu'une chimère, et, quand nos adversaires nous diront : Prouvez-nous la limitation du mandat ou la distinction que vous faites pour le cas où le jugement est favorable, il nous suffira de leur répondre : Démontrez-nous d'abord l'existence du mandat.

Reste l'argument tiré de l'équité. S'il était juste, nous nous contenterions d'y répondre que la loi inique est encore la loi, et qu'il faut lui obéir : *dura lex, sed lex*. Mais cette dernière raison n'est pas moins fautive que les précédentes, et le système de Merlin, Toullier, Proudhon et de tant d'autres auteurs ne nous semble pas moins contraire à la justice qu'aux dispositions législatives écrites.

On dit, en effet, que le jugement rendu en faveur d'un des débiteurs pouvant profiter aux autres et même au créancier, celui-ci, par réciprocité, doit pouvoir invoquer contre tous les débiteurs la décision qui lui est favorable ; mais on ne réfléchit pas qu'on viole le principe que nul ne peut être condamné sans s'être défendu, on ne réfléchit pas que, même en supposant le débiteur actionné loyal et de bonne foi, il peut cependant y avoir eu de sa part négligence ou inhabileté ; on perd de vue qu'il ne suffit pas de proposer un moyen, qu'il faut encore le prouver, que l'habileté d'une plaidoirie décide quelquefois du gain d'un procès, et qu'un même moyen présenté par deux hommes peut faire acquérir à l'un un avantage que l'autre n'a pas su obtenir.

Par tous ces motifs, nous persistons à penser que le jugement rendu contre l'un des débiteurs solidaires et qui a rejeté une exception réelle n'a pas l'autorité de la chose jugée à l'égard des autres[1].

Que faut-il penser quand il s'agit de décisions judiciaires prises pour ou contre une partie qui est tenue avec d'autres en matière indivisible, notamment quand l'objet du litige est une servitude? Nous croyons que cette question doit encore se résoudre par la distinction que nous avons faite dans les paragraphes précédents, et qu'ainsi on doit admettre une fois de plus que, si les jugements favorables profitent à tous les débiteurs, les jugements préjudiciables nuisent seulement à celui contre qui ils ont été rendus.

Toutes les raisons que nous avons déduites pour les personnes obligées solidairement se rencontrent dans l'espèce présente. On peut même dire qu'elles y sont applicables *à fortiori*, car la communauté qui existe entre les débiteurs d'une chose indivisible n'a évidemment pas sa source dans une association ni dans un mandat réciproque. Elle est le résultat d'un accident et n'a pas d'autre cause que la nature de la chose due[2].

Quand un jugement a été rendu en faveur d'une personne qui avait aliéné un objet sous une condition suspensive, il profite à l'acquéreur qui pourra l'invoquer, même après la réalisation de la condition. En vain, dirait-on que, par suite de l'accomplissement de la condition, l'aliénateur doit être

1. Voir dans ce sens DURANTON, XIII, 520; MARCADÉ, art. 1350, n° 13.
2. DURANTON, XIII, 528; MARCADÉ, *loc. cit.*

considéré comme n'ayant déjà plus la propriété, au moment où le procès était engagé (art. 1179).

On pourrait toujours répondre avec avantage, qu'étant tenu de la conservation de la chose, *pendente conditione*, l'aliénateur avait, par suite, qualité pour la défendre, et qu'il le faisait même, moins dans l'intérêt de celui à qui il avait cédé ses droits que dans le sien propre.

En sens inverse, si le jugement a été favorable au demandeur, il faut décider qu'il n'est pas opposable à l'acquéreur, car celui-ci n'ayant pas donné mandat à l'aliénateur de compromettre l'objet vendu, il est vrai de dire que la rétroactivité de la condition réalisée a pour conséquence de faire considérer le jugement comme rendu avec une personne qui n'était plus propriétaire.

Il faut, par identité de raison, appliquer les mêmes principes aux aliénations faites sous des conditions résolutoires. C'est ainsi, particulièrement, que le vendeur à réméré qui exerce le rachat n'a pas à subir les condamnations portant sur l'héritage et prononcées contre l'acheteur durant sa possession (art. 1673).

C'est une question très-grave et en même temps très-controversée que celle de déterminer les effets du jugement qui condamne un successible en qualité d'héritier pur et simple. Sera-ce seulement vis-à-vis de la personne qui a obtenu le jugement, ou bien, sera-ce absolument que l'héritier ne pourra plus ni renoncer ni accepter bénéficiairement ? En d'autres termes, devra-t-il être considéré comme héritier pur et simple, non-seulement par le demandeur qui l'a fait condamner, mais encore par tous les intéressés qui n'étaient pas parties au procès ? Bien des systèmes ont été proposés pour la solution de ce point de droit ; je ne crois pas nécessaire de les faire tous connaître. Il suffira d'exposer les deux opinions principales entre lesquelles se sont partagés les auteurs et les tribunaux.

Premier système. Le successible, qui laisse passer en force de chose jugée le jugement qui le déclare héritier pur et simple, a désormais cette qualité vis-à-vis toutes personnes. En effet, après avoir établi dans l'art. 800 que l'héritier peut, même après l'expiration des délais des trois mois et quarante jours, faire inventaire et se porter héritier bénéficiaire, nous voyons le Code déclarer, à la fin du même article, que cette faculté sera perdue dans deux cas : 1° Lorsque le successible aura fait acte d'héritier; 2° lorsqu'il existera un jugement passé en force de chose jugée qui le condamne en qualité d'héritier pur et simple. Aucune différence n'est indiquée entre ces deux causes de déchéance; elles sont, l'une et l'autre, mises sur la même ligne, leur assimilation est complète. Cette circonstance prouve manifestement qu'elles doivent entraîner des conséquences identiques, et, comme l'effet de la seconde ne peut pas être divisé, celui de la première sera également indivisible.

De plus, il faut observer que si le successible est héritier pur et simple à l'égard de tous, ce n'est point que le jugement qui l'a condamné en cette qualité ait l'autorité de la chose jugée, même vis-à-vis des créanciers et des légataires qui n'étaient pas parties au procès, c'est que l'héritier, en n'attaquant pas le jugement par les voies qui lui étaient ouvertes, a consenti par là-même à être considéré comme héritier pur et simple, et a fait, en quelque sorte, acte d'héritier.

On doit regarder « comme ayant accepté, disait M. Muraire, celui qui a laissé passer le jugement en force de chose jugée : par son silence, il a suffisamment manifesté sa volonté » (Fenet, XII, p. 41).

Enfin, la qualité d'héritier est indivisible, et cette seule considération suffit pour faire écarter de notre matière l'application de la règle que consacre l'art. 1351 [1].

Deuxième système. L'héritier condamné en qualité d'héri-

1. MERLIN, *Rép.*, v° *Succession*, sect. 11, § 5; MALPEL, n° 194; VAZEILLE, sur l'art. 800, n° 2; CARRÉ, n° 763; BONCENNE, 3, p. 332; MARCADÉ, sur l'art. 800; VALETTE, *Revue étrangère*, 9, p. 257.

tier pur et simple n'est déchu de la faculté d'accepter sous bénéfice d'inventaire que vis-à-vis du créancier qui a obtenu le jugement.

Il existe un principe : c'est que la chose jugée ne fait loi qu'entre ceux qui ont été parties au jugement et leurs héritiers. C'est là une règle constante, une maxime avérée, et qui doit recevoir son application toutes les fois qu'une exception spéciale n'y a pas été formellement apportée. Or, cette exception, nous ne la rencontrons nulle part, ni dans l'art. 800, ni dans la discussion au conseil d'État sur le point en litige, ni dans les traditions de l'ancien droit.

L'art. 800 d'abord ne contient aucune dérogation à la théorie de la chose jugée. Qu'y est-il dit, en effet ? Purement et simplement ceci : Que le successible ne pourra plus se porter héritier bénéficiaire, s'il existe un jugement qui le condamne en qualité d'héritier pur et simple. Or, où voit-on que ce jugement doit avoir un effet général ? Où voit-on que le successible sera héritier pur et simple *erga omnes* ? Le jugement qui a été rendu, entre qui existe-t-il ? Entre le condamné et le demandeur seuls. Vis-à-vis toute autre personne, vis-à-vis les créanciers, vis-à-vis les légataires, il est *res inter alios acta*, il n'existe pas.

Dans une législation bien faite, les dispositions doivent se compléter et se corroborer les unes les autres. Or, voici deux articles dont l'un déclare qu'en thèse générale, l'autorité de la chose jugée n'aura lieu qu'entre les parties litigantes, dont l'autre suppose un procès soutenu par un créancier et un héritier. N'est-il pas tout naturel, et, en vérité, bien logique, de conclure que le jugement ne produira d'effet qu'entre le demandeur et le défendeur ?

On objecte qu'ainsi interprété l'art. 800 devient une superfétation, puisqu'il ne fait que répéter ce que dit l'art. 1351, et on ajoute que, puisque nous parlons de compléter les dispositions du Code les unes par les autres, il existe un art. 1156 du titre des obligations qui dispose que, lorsqu'une convention et partant une loi est susceptible de deux sens, on doit plutôt l'entendre dans le sens avec lequel elle peut produire quelque effet que dans celui avec lequel elle n'en pourrait produire aucun.

Nous répondrons qu'un argument tiré de l'inutilité d'une phrase ne saurait suffire pour fonder une doctrine opposée au principe le plus certain et condamnée par l'équité la plus vulgaire; qu'il est souvent arrivé au législateur de se répéter dans la rédaction de ses Codes; qu'ici même, dans notre matière et jusque dans notre article, nous rencontrons une de ces phrases oiseuses et simples jusqu'à être naïves; car, nous le demandons, où était la nécessité, où était l'utilité de dire que l'héritier qui a fait acte d'héritier pur et simple ne pourrait plus se porter héritier bénéficiaire? Et d'ailleurs, un successible, condamné comme héritier, aurait pu, à tort assurément, mais enfin il aurait pu le faire, il aurait pu dire : Le jugement qui m'a condamné n'est intervenu qu'à une époque où mon acceptation bénéficiaire n'avait pas encore eu lieu, il n'a donc pas pu statuer sur une question de déchéance du bénéfice d'inventaire, et je conserve encore la faculté de me porter héritier bénéficiaire vis-à-vis du créancier lui-même qui a obtenu le jugement. Il fallait trancher cette difficulté, et c'est peut-être dans ce but qu'a été formulée la disposition finale de l'art. 800, qu'on ne peut plus considérer comme complétement inutile.

En second lieu, rien dans les travaux préparatoires du Code ne démontre l'intention chez le législateur de porter atteinte aux principes de la chose jugée. Que s'est-il passé, en effet, au conseil d'État ?

«Un article du titre des successions était ainsi conçu : Celui contre lequel un créancier a obtenu un jugement contradictoire passé en force de chose jugée, qui le condamne comme héritier, est réputé avoir accepté la succession. Si le jugement passé en force de chose jugée n'a été rendu que par défaut, la condamnation obtenue par un créancier seul ne profite point aux autres (Fenet, t. II, p. 159).

La section de législation repoussa cette distinction et elle proposa dans ce but l'art. 67 qui était ainsi conçu : Celui contre lequel un créancier a obtenu un jugement, même contradictoire, passé en force de chose jugée, qui le condamne comme héritier, n'est réputé héritier en vertu de ce jugement qu'à l'égard seulement du créancier qui l'a obtenu (Fenet, t. XII, p. 39).

Une vive discussion s'engagea sur l'adoption de l'un et de l'autre système. MM. Tronchet, Defermon, Boulay, Muraire, Maleville et plusieurs autres repoussèrent la proposition de la section de législation. Mais d'autres conseillers la soutinrent, au contraire, avec énergie, et la lutte ne se termina que sur l'observation suivante de M. Berlier : « Puisque, très-probablement, on adoptera plus tard l'art. 243 du projet (art. 1351 du C. N.), la disposition actuellement discutée peut être supprimée *comme inutile*, attendu que le principe général recevra son application à cette espèce, comme à toutes les autres ». Ce fut sur cette remarque seule, que les partisans du système de la section de législation se décidèrent à laisser retrancher l'art. 67 précité. Il est donc impossible d'affirmer, en toute sûreté, que le conseil d'État, en rédigeant l'art. 800, a entendu apporter une dérogation aux principes généraux de la chose jugée, et il n'y a aucun argument à tirer de la discussion de cet article.

Enfin, et comme troisième argument, on peut dire que la solution du premier système est en opposition avec les décisions de nos anciens auteurs, et particulièrement de Pothier, le guide ordinaire des rédacteurs du Code Napoléon.

Voici ce qu'on lit en effet, dans le *Traité des Successions* du grand jurisconsulte, chap. III, sect. V: « La condamnation en qualité d'héritier envers un créancier ou légataire n'empêchera pas l'héritier de renoncer valablement à la succession par la suite, vis-à-vis des autres créanciers et légataires qui ne pourront pas lui opposer l'arrêt de condamnation qui a été rendu contre lui en qualité d'héritier, parce qu'ils n'étaient point parties en cet arrêt, et que c'est un principe de droit qu'un jugement ne fait loi qu'entre les parties entre lesquelles il a été rendu. *Res inter alios judicata nec nocet, nec prodest.*

Pothier répète encore la même doctrine dans son introduction, au titre XVII de la Coutume d'Orléans, n° 70, et d'autres auteurs en grand nombre l'ont également consacrée[1].

Des deux systèmes exposés, le second m'a toujours paru et me paraît encore préférable à l'autre ; le premier argument sur lequel il s'appuie me semble sans réplique. J'ajoute qu'il ne conduit jamais à des conséquences que condamne l'équité, et qu'il n'est malheureusement pas possible d'en dire autant de la seconde opinion. Qu'on le juge par un exemple. Un créancier de 100 francs attaque un successible et le fait condamner, en qualité d'héritier pur et simple. Savez-vous quelles seront les conséquences de cette condamnation ? Elle forcera l'héritier à payer toutes les dettes de la succession, quel qu'en soit le montant, et dussent-elles engloutir sa fortune personnelle. Et songez que ce jugement pourrait être rendu sommairement, sans instruction, par un juge de paix ; qu'il pourrait être par défaut, en l'absence du successible ; que ce dernier l'apprendra peut-être à une époque où il n'y aura plus possibilité de le faire réformer par aucune voie légale. Est-il possible qu'une pareille théorie ait été consacrée par la loi ? Assurément non. Elle ne l'était pas à Rome, elle ne l'était pas dans notre ancienne jurisprudence, elle ne l'est pas non plus, j'en suis convaincu, sous notre législation actuelle.

Toutes les règles que nous avons exposées relativement à l'identité des parties sont applicables en matière de questions d'état, quelque bizarres que soient du reste les résultats auxquels pourra conduire l'application de ces règles. Ainsi, supposons qu'un père meure laissant deux enfants légitimes, Pri-

---

1. CHABOT, sur l'art. 800, n° 3 ; TOULLIER, IV, 314, note 1re, X, 235 à 237 ; DURANTON, VII, 25 ; AUBRY et RAU, V, p. 161 ; BOURBEAU, *de la justice de paix,* n° 52.

mus et Secundus. Un troisième enfant du nom de Tertius se présente pour demander une part dans l'hérédité du défunt. Il attaque Primus et parvient à établir judiciairement contre lui son état de légitimité. Mais plus tard Secundus, qui n'avait pas figuré au procès, refuse de lui reconnaître la qualité d'enfant légitime. Un débat s'engage et Secundus triomphe. Qu'en va-t-il résulter ? C'est qu'un même individu, c'est que Tertius va se trouver à la fois le frère légitime de Primus et le frère naturel de Secundus. Ce résultat est étrange, à coup sûr. Il n'en doit pas moins être accepté, car il est l'application immédiate des principes les plus certains.

Qu'on n'objecte pas que l'état d'enfant légitime est indivisible. Cela n'est vrai qu'autant qu'on le considère d'une manière abstraite ; mais, au point de vue des conséquences légales qui s'y trouvent attachées, l'état est parfaitement divisible, et c'est ainsi notamment que, dans l'espèce précédente, si nous supposons la succession de 12,000 fr., Secundus n'ayant qu'un frère légitime prendra la moitié ou 6,000 fr. ; Primus qui en a deux prendra un tiers, ou 4,000 fr. ; le surplus, c'est-à-dire un sixième ou 2,000 fr. restera à Tertius.

Ne disons pas non plus, qu'en matière d'état, certains membres de la famille, ceux qui ont le principal intérêt à la contestation sont *légitimes contradicteurs*, c'est-à-dire représentants de la famille entière ; de telle sorte que ce qui a été jugé avec eux est réputé l'être avec tous les autres parents. Rien n'est plus faux que cette doctrine. Ce prétendu mandat n'a jamais existé, pas même dans la législation romaine, comme on peut s'en convaincre en lisant les lois 9 et 30 D. *De liberali causa* (40, 12) ; 25, D. *De statu hominum* (1,5) ; ult. C. *De lib. causa* (5, 16) ; et, dans tous les cas, la seule combinaison des articles 54, 100, 322 et 1351 du Code Napoléon suffit à démontrer de la manière la plus formelle que le législateur français n'a pas admis cette représentation des parents les uns par les autres, qu'il a au contraire fait aux questions d'état l'application rigoureuse de tous les principes de la chose jugée.

CHAPITRE III.

EFFETS DE LA CHOSE JUGÉE.

Le premier, le principal effet de la chose jugée, c'est, nous l'avons dit, de faire considérer comme vraie et certaine la décision rendue par le tribunal. *Res judicata pro veritate habetur.*

A cette conséquence fondamentale viennent se rattacher plusieurs autres, qui en sont comme le développement, et sur lesquelles il convient d'arrêter, un instant, notre attention.

Tout jugement qui reconnaît l'existence d'une créance ou d'une obligation, emporte novation dans le rapport juridique qu'il constate. *Novatur judicati actione prior contractus* (l. 3, C. *De usu rei judic.*).

Mais cette novation est d'une nature toute particulière, et il s'en faut qu'elle produise des effets aussi absolus que ceux attachés au mode d'extinction des contrats, décrit dans les articles 1271 et suivants du Code civil.

Loin d'éteindre, en effet, l'ancienne obligation, avec les accessoires qui y étaient attachés, elle la confirme, au contraire, elle la fortifie, elle lui donne, pour l'avenir, une cause assurée qui est la chose jugée elle-même. *Ex causa judicati obligatio descendit* [1]. C'est là son seul résultat, et nous devons bien nous garder de lui attribuer les conséquences si étendues de la novation ordinaire.

La chose jugée crée, au profit du demandeur qui a triomphé une action personnelle connue sous le nom d'*actio judicati*. Cette action, qui est semblable à toutes les autres, quant

---

1. L. 4, § 7, *De re jud.*, L. § 3, *De noval.*

aux règles générales de la procédure, a cela de particulier
qu'elle n'a pas pour objet de faire reconnaître en justice des
droits contestés quoique prétendus, mais qu'elle tend uniquement à obtenir l'effet et l'utilité positive de droits reconnus et
consacrés. Elle reste invariablement la même, quels que soient
les caractères et la cause de l'obligation en vertu de laquelle
la condamnation a été prononcée.

Il en résulte que le délai de la prescription ne varie jamais,
qu'il est toujours de trente années, à compter du jugement, et
cela, quand bien même la créance constatée judiciairement
serait prescriptible par un moindre laps de temps. C'est ce
que décide pour un cas particulier l'art. 180 du C. de Comm.

Outre l'*actio judicati*, l'autorité de la chose jugée produit
également une exception spéciale, *exceptio rei judicatæ*. C'est
une fin de non-recevoir contre toute nouvelle demande qui,
d'une manière quelconque, directement ou indirectement,
tendrait à remettre en question une contestation sur laquelle
les tribunaux se seraient déjà prononcés.

Elle peut être proposée par les deux parties, aussi bien par
celle qui a succombé que par celle qui a obtenu gain de cause.
Le jugement lie, en effet, les plaideurs, et d'une manière
irrévocable; il les place dans une situation dont ils peuvent
tous deux invoquer les bénéfices et dont l'un ne peut plus,
désormais, faire sortir l'autre, sans son libre consentement.
La partie qui a triomphé ne pourrait donc pas nier l'existence
d'un droit reconnu constant, ni en alléguer l'existence, s'il a
été déclaré non existant ; et c'est avec raison qu'il a été décidé
par la Cour de Cassation (11 mai 1846) que, lorsqu'un jugement avait annulé un partage comme nul, et ordonné un
nouveau partage, le désistement de la partie qui avait fait
prononcer cette nullité ne pouvait rendre au partage annulé
la force que le jugement lui avait enlevée, quand le défendeur, loin d'acquiescer à ce désistement, demandait l'exécution du jugement qui avait ordonné le nouveau partage
(Sir. 46, 1, 691).

Il faut cependant observer, que si la partie perdante ne peut pas être dépouillée malgré elle des résultats que consacre le jugement, rien ne s'opposerait à ce que celui qui a obtenu gain de cause renonçât, en faveur de son adversaire et en ce qui le concerne personnellement, au bénéfice de la chose jugée. La présomption de vérité que la loi civile attache aux jugements ne peut, en effet, changer la nature des choses; elle ne peut faire que ce qui n'existe pas existe, et si l'individu, à qui un jugement confère un droit, reconnait que ce droit n'existe pas, aucune loi écrite ne peut faire obstacle à ce qu'il y renonce et fasse à son prétendu débiteur une remise parfaitement valable.

En sens inverse, le débiteur qui aurait été injustement déchargé par une décision judiciaire passée en force de chose jugée, n'en resterait pas moins obligé naturellement. *Licet enim absolutus sit, natura tamen debitor permanet*[1]. Si donc il avait depuis payé la dette, il n'aurait pas l'action en répétition : *Cum ergo exceptio rei judicatæ nulla æquitate naturali nititur, sed civili tantum ; apparet non esse illam ex earum numero quæ aut naturalem obligationem possent tollere, quæ ex solo naturalis æquitatis vinculo æstimatur aut indebiti condictionem inducere*[2].

Du principe que celui à qui est acquise une exception de chose jugée, peut renoncer à l'avantage qui en résulte pour lui, il suit que le tribunal, lorsque l'exception ne lui est pas proposée, n'est pas obligé de la suppléer d'office, qu'il n'y est même pas autorisé.

L'opinion contraire avait d'abord été émise par Merlin[3], mais elle a été rétractée par lui, dans la suite[4], et avec raison. Le bénéfice de la chose jugée n'engage, en effet, que des inté-

1. L. 60, *De condict. indeb.*, 12, 6.
2. FABRE, *Rationalia in Pand.* L. 60, D. *De cond. indeb.*
3. *Quest.*, v° *Appel*, § 9.
4. *Répert.*, v° *Chose jugée*, § 20.

rêts privés, et l'on ne comprendrait pas qu'une faveur se changeât en une obligation pour celui à qui elle a été concédée [1].

La même règle que l'exception de chose jugée n'est point d'ordre public conduit à dire qu'elle ne peut être invoquée pour la première fois devant la Cour de Cassation : c'est là un point constant dans la jurisprudence de la Cour [2], et qui n'a fait, non plus, aucune difficulté dans la doctrine [3].

Mais nous supposons, bien entendu, que l'exception n'a pas été proposée devant le tribunal dont la décision est attaquée; car, s'il en avait été autrement, il y aurait violation certaine de l'art. 1351, et la Cour suprême casserait inévitablement le jugement contre lequel il y aurait eu pourvoi.

On ne devrait même pas se préoccuper du point de savoir si les décisions émanent ou non du même tribunal. L'art. 504 du Code de Procédure semble, il est vrai, supposer, par ses termes, que la contrariété de jugements rendus en dernier ressort ne donne ouverture à cassation qu'autant qu'il s'agit de décisions émanées de tribunaux différents. Mais il y a là un vice de rédaction manifeste. L'article précité, en autorisant la cassation dans le cas particulier qu'il prévoit, ne l'exclut certainement pas dans l'autre cas; et l'on doit ici, comme partout, appliquer le principe que la violation d'une disposition législative donne lieu à cassation.

L'arrêt qui a violé la chose jugée devrait, au surplus, être annulé, lors même que déjà l'arrêt antérieur d'où elle résultait aurait été lui-même cassé.

Qu'importe en effet le sort qu'a subi ce dernier? Dès que l'on reconnaît qu'il existait au moment où le second jugement a été rendu, les articles 1350, 1351 du Code Napoléon ont été violés, le dernier arrêt doit être cassé.

Décider autrement, ce serait faire dépendre la régularité

1. Voet, D. De jurejurando.
2. Cass., 3 mai 1837, 16 novembre 1853 ; Sin., 37, 1, 718 ; 54, 1, 771.
3. Aubry et Rau, t. VI, p. 513.

d'une décision judiciaire d'un fait futur et incertain, ce serait attribuer au pourvoi en cassation des effets suspensifs que la loi lui refuse.

Si un jugement a été cassé et annulé comme violant la chose jugée, il va sans dire que le premier jugement doit recevoir son exécution, comme si celui qui le contredisait n'avait jamais eu aucune existence. C'est la conséquence du principe que la Cour suprême supprime et met à néant les jugements qu'elle casse.

Mais supposons que deux jugements contradictoires aient été rendus l'un et l'autre entre les mêmes parties sur les mêmes moyens et par le même tribunal les mêmes tribunaux : deux voies d'attaque sont possibles contre eux : la requête civile, dans tous les cas (art. 480, n° 6, Code Proc.), et le recours en cassation, seulement si l'exception de la chose jugée a été soulevée dans la seconde instance.

Admettons qu'aucun de ces moyens d'annulation n'ait été employé : lequel des deux jugements l'emportera sur l'autre ? Évidemment le second. Les parties, en effet, en négligeant d'exercer l'autorité de la première décision judiciaire comme chose souverainement jugée, sont réputées y renoncer et s'en remettre à la décision des seconds juges. C'est donc cette dernière qui devra prévaloir ; c'est elle qui formera la loi des plaideurs (Cass. 27 juillet 1813).

Les questions que soulève la chose jugée sont quelquefois assez délicates pour que des doutes s'élèvent dans l'esprit des magistrats sur le point de savoir si toutes les conditions requises par l'art. 1351 se rencontrent dans l'affaire qui leur est soumise.

Ils doivent, dans cette hypothèse, être plutôt portés à repousser qu'à admettre l'exception *rei judicatæ*.

Il est bien, en effet, de l'intérêt public qu'une réclamation condamnée par un jugement ne puisse être ultérieurement reproduite, et ne devienne l'objet d'un nouveau débat ; mais cet intérêt n'est cependant pas suffisant pour faire rejeter une

9

demande qui présenterait de l'analogie avec une autre déjà intentée en justice, mais dont on ne pourrait, néanmoins, certifier la parfaite identité avec cette dernière.

La présomption de chose jugée n'est fondée que sur une vérité fictive qui peut être trompeuse. Elle est donc essentiellement restrictive, et ne doit, en conséquence, être appliquée que s'il n'y a aucun doute sur son existence. *Judices non debent, neque solent esse difficiles, in rejicienda exceptione rei judicatæ* [1].

C'est un des principes élémentaires de la science du droit que le juge, une fois sa décision prononcée, ne peut plus la rétracter ni la réformer. *Judex posteaquam semel sententiam dixit, postea judex esse desinit. Et hoc jure utimur, ut judex qui semel vel pluris vel minoris condemnarit, amplius corrigere sententiam suam non possit : semel enim male seu bene officio functus est* [2]. Cette règle reçoit son application même au cas où des pièces décisives auraient été découvertes depuis le procès. Il n'y a pas à distinguer si elles ont été retenues ou non par la partie adverse; dans tous les cas, la présomption de la chose jugée subsiste. Seulement, quand les pièces sont restées cachées par le fait de l'autre partie, l'art. 480, n° 10, du Code de Procédure, permet de faire rétracter le jugement par voie de requête civile.

Néanmoins, et par exception au principe de l'irrévocabilité des décisions judiciaires, il est généralement reconnu que, si un plaideur condamné à payer une somme retrouve la quittance du payement qu'il avait fait, ou qu'avait fait son auteur, il peut alors produire cette quittance et faire tomber le jugement sans recourir à la requête civile. Les condamnations au payement s'entendent, en effet, par quittances aussi bien que par argent, et il serait aussi inconséquent qu'injuste de refuser l'action en répétition à celui qui a payé deux fois [3].

1. VOET, *Ad Pand. de except. rei judicatæ.*
2. L. 55, *De re judic.*
3. DUPARC-POULLAIN, *Principes de jurisprudence*, t. X, p. 161.

Mais nous ne saurions maintenir cette solution, dans l'hypothèse où l'exception de payement aurait été proposée avant le
jugement et rejetée. Dans ce cas, il n'a pas seulement été jugé
que la partie perdante était débitrice, mais encore qu'elle
n'avait pas payé. En vain dirait-on avec M. Duranton que le
jugement devrait encore, dans l'espèce, être considéré comme
conditionnel dans son effet, comme ne devant recevoir son
exécution que si le défendeur ne justifie du payement qu'il dit
avoir fait [1]. C'est là une interprétation qui nous semble arbitraire : car, comme la chose jugée passe pour la vérité, et qu'un
tribunal a déclaré qu'il n'y avait pas eu payement, il faut accepter cette décision comme vraie et repousser toute preuve
qui tendrait à la contredire. Il y aurait ainsi, selon nous, une
différence à admettre entre celui qui se serait prévalu de la
quittance qu'il n'a pu produire, et celui qui n'en aurait pas
parlé.

Ce que nous venons de dire ne s'applique au surplus qu'aux
seules quittances, et il ne faudrait pas croire qu'il en serait
de même de tous les moyens d'éteindre les obligations, par
exemple, d'une novation dont on aurait négligé de se prévaloir lors du jugement. Il y a, en effet, cette différence entre la
quittance et la novation, que la première n'est qu'une exécution anticipée, tandis que la seconde, au contraire, rendrait
inutile, en réalité, la condamnation obtenue par le créancier,
en l'obligeant à agir de nouveau contre son débiteur.

Quoique les effets de la chose jugée ne puissent plus être réformés ni modifiés, cependant les simples erreurs de calcul,
qui se sont glissées dans la rédaction du jugement et dont ce
dernier offre lui-même les moyens de rectification, peuvent
toujours être réparées. Ainsi, lorsqu'après avoir déclaré un individu débiteur, d'une part, de 60 francs, et d'autre part, de 40
francs, le jugement le condamne à payer 120 francs, en

---

1. XIII, n° 474.—*Contra* MERLIN, *Rép.*, v° *Succession*, sect. 1, § 2, art. 3, et
TOULLIER, X, n° 127.

décidant que cette somme forme le montant des deux dettes réunies, il est certain que les juges pourront rectifier leur sentence. L'art. 541 du Code de Procédure décide en effet « qu'il ne sera procédé à la révision d'aucun compte, sauf aux parties, s'il y a erreurs, omissions, faux ou doubles emplois, à en former la demande devant les mêmes juges ».

Mais remarquons que cette disposition, empruntée à notre ancienne jurisprudence [1], n'est susceptible de recevoir application qu'autant que l'erreur résulte du texte même du jugement. Les procès seraient en effet interminables si, sous le prétexte d'une erreur quelconque de compte, il était permis de recommencer un nouveau débat : *res judicatæ si, sub prætextu computationis instaurentur, nullus erit finium litis* (L. 2, c. *De re jud.*).

Le principe de l'autorité de la chose jugée ne fait pas obstacle à ce que le tribunal, une fois la sentence prononcée, soit de nouveau saisi de l'affaire, pour donner des interprétations et des éclaircissements sur les parties véritablement obscures du jugement : interpréter, ce n'est pas en effet rétracter, ce n'est pas violer la chose jugée; c'est, au contraire, en confirmer les dispositions en expliquant leur véritable sens. Les juges pourront donc valablement procéder à l'interprétation de leurs décisions; mais il sera indispensable, on le comprend, qu'ils n'usent de cette faculté que dans les cas réellement obscurs et douteux. Il ne faut pas que l'exercice d'un droit légitime devienne une source d'abus.

D'un autre côté, il sera également nécessaire que la sentence ne soit ni corrigée, ni réformée, ni modifiée. Tout jugement qui, sous prétexte d'interprétation, attribuerait à une décision précédente un sens qu'elle n'a pas nécessairement, encourrait la censure de la Cour suprême, car il violerait l'autorité de la chose jugée [2].

1. Ord. de 1667, tit. 20, art. 21.
2. Cass., 5 juillet 1831 ; 1er mars 1812.

CHAPITRE IV.

DE L'INFLUENCE DES ACTIONS CIVILES ET PUBLIQUES LES UNES A L'ÉGARD DES AUTRES.

C'est un principe universellement admis que l'action civile est, en général, sans influence sur l'action publique.

Les deux actions diffèrent, en effet, par leur objet, par leur cause, par les personnes qui y figurent ; tous les éléments constitutifs de la chose jugée font défaut. La décision intervenue au civil ne saurait donc modifier, en aucune manière, les pouvoirs de la juridiction criminelle, et celle-ci appréciera les délits qui lui sont déférés avec autant de liberté que si rien n'avait été jugé au civil.

Cette maxime ne ressort pas seulement des principes que nous avons exposés jusqu'ici sur la chose jugée, elle a été formellement consacrée dans plusieurs textes législatifs, notamment dans l'art. 451 du Code d'instruction criminelle, où il est décidé que les plaintes et dénonciations en faux pourront toujours être suivies, lors même que les pièces qui en sont l'objet auraient servi de fondement à des actes judiciaires ou civils.

Il existe cependant une exception à notre maxime ; elle a lieu, lorsqu'il s'agit de jugements rendus au civil sur une question préjudicielle. On sait qu'on appelle de ce nom certaines exceptions qui suspendent la poursuite ou le jugement d'un crime, d'un délit ou d'une contravention, jusqu'à la vérification préalable d'un fait antérieur, dont l'appréciation est la condition indispensable de cette poursuite ou de ce jugement [1]. Dans ce cas, les décisions de la juridiction civile acquièrent

---

1. FAUSTIN-HÉLIE, *Inst. crim.*, III, p. 186.

l'autorité de la chose jugée, même au criminel , et les tribunaux de répression ne sauraient s'écarter des faits reconnus par le juge civil Ainsi supposons qu'au milieu d'une poursuite de bigamie , le tribunal civil prononce la nullité du premier mariage ; toute action devra nécessairement être arrêtée contre le prévenu , et il ne sera pas possible au tribunal criminel de fonder une condamnation sur l'existence du premier mariage.

De même si, sur une accusation d'un délit forestier, ou d'un crime de suppression d'état, le juge civil décide que le prévenu du délit était propriétaire du terrain sur lequel a été commis le fait incriminé, ou que l'enfant prétendu victime du crime n'a point été frustré de l'état qui lui appartient ; dans ces deux cas, le juge du criminel sera tenu de conformer sa décision aux faits déclarés par la juridiction civile. Il ne pourra ni répudier ni modifier la constatation judiciaire passée en force de chose jugée [1].

Le civil emporte donc, en réalité, le criminel, dans les questions préjudicielles. Mais c'est une exception, et la seule, à notre connaissance. Dans toutes les autres hypothèses, les jugements rendus sur une action civile seront sans influence sur l'appréciation des juridictions répressives.

La proposition inverse est-elle également exacte. et faut-il encore poser comme principe général que les juges civils ne seront, en aucune façon, obligés de tenir pour constants les faits déclarés tels par les juges criminels ?

Cette question est célèbre dans l'histoire de la jurisprudence. Elle a été le sujet d'une mémorable discussion entre deux illustres jurisconsultes modernes, Merlin et Toullier. Le premier soutenait [2] que la chose jugée au criminel devait faire loi au civil. Les deux actions, disait-il, celle du ministère public et celle de la partie lésée sont identiques dans leur cause fonda-

---

1. TOULLIER, VIII, n° 30 ; CARNOT, sur l'art. 1, *Inst. crim.*
2. *Rép.*, v° *Chose jugée*, § 15, et *Questions de droit*, v° *Faux*, § 6, n° 6.

mentale, leurs objets sont également les mêmes, car le but final est le châtiment du délinquant, châtiment qui peut se traduire par une double condamnation; enfin les parties qui y figurent sont identiques, car le ministère public, lorsqu'il intente l'action criminelle, doit être considéré comme le représentant de tous les intérêts généraux et privés, en tant qu'il s'agit de faire constater judiciairement l'existence du délit. Aucun des éléments de la chose jugée ne fait donc défaut, et il y aurait violation manifeste de l'art. 1351, si le tribunal civil contredisait dans son jugement la décision du tribunal criminel.

Toullier niait au contraire cette conséquence et refusait d'admettre les principes sur lesquels on l'appuyait [1].

Il était faux, selon lui, que les deux actions eussent même objet, car l'une avait pour but l'application d'une peine, l'autre, la réparation d'un dommage. En outre, qu'était-ce que cette prétendue représentation de la partie par le ministère public? Dans quels textes la lisait-on? Où voyait-on qu'il eût qualité pour parler au nom de la partie civile? Bien au contraire il ne pouvait même pas défendre ses intérêts pécuniaires, il ne pouvait même pas prendre des conclusions en sa faveur. Comment dès lors parler de mandat? Ce n'était évidemment qu'une utopie. La vérité, c'était que les parties se trouvaient réellement différentes dans les deux actions, et que cette condition essentielle de l'autorité de la chose jugée faisait absolument défaut. Toullier en concluait que dans aucun cas, la décision des tribunaux criminels ne pouvait enchaîner celle des tribunaux civils.

Ces deux systèmes eurent l'un et l'autre leurs partisans. Ils régnèrent exclusivement pendant quelques années, mais peu à peu et à mesure que l'on prenait une connaissance plus parfaite de la matière, une troisième opinion se fit jour. Moins absolue que les deux précédentes, empruntant à l'une et à l'autre les heureuses décisions qu'elles pouvaient renfermer

---

1. x, nos 240 et suiv.

elle ne tarda pas à se propager rapidement. De nos jours c'est autour d'elle que se sont ralliés les noms les plus recommandables, et c'est elle aussi que la jurisprudence tend à adopter uniformément. Voici comment on pourrait l'établir et la développer.

Quand les tribunaux, devant lesquels s'engage une contestation, sont appelés à connaître des questions de même nature et se référant au même ordre d'intérêts, il convient, pour déterminer la portée de la chose jugée par l'un de ces tribunaux, et son influence sur les décisions des autres, il convient de s'attacher à la règle tracée dans l'art. 1351. Mais, quand les juridictions ont des buts différents, quand elles ont été instituées avec des missions étrangères l'une à l'autre, l'art. 1351 ne saurait plus suffire, et, pour fixer la dépendance et l'indépendance des décisions prises par ces diverses juridictions, il faut de toute nécessité remonter aux principes généraux qui ont présidé à leur création et examiner le but qu'on s'est proposé d'atteindre en les instituant. Or, comme le remarquent judicieusement MM. Aubry et Rau, « les tribunaux criminels ayant pour mission de prononcer, dans l'intérêt de la société tout entière, sur l'existence des crimes et délits dont la répression est poursuivie devant eux, sur la culpabilité des prévenus ou accusés et sur l'application de la loi pénale aux faits qu'ils ont reconnus constants, on méconnaîtrait évidemment la nature et le but de leur institution en soutenant que leurs jugements, soit de condamnation, soit d'acquittement ou d'absolution, n'ont pas, à l'égard de tous, l'autorité de la chose jugée, et en admettant qu'un tribunal civil pourrait décider ou que telle personne déclarée coupable est innocente, ou que telle personne acquittée a réellement commis le crime ou le délit qui lui était reproché [1]. »

C'est là un principe certain et qui ne découle pas seulement du raisonnement, mais que de nombreux textes viennent

[1]. T. VI, p. 501.

également confirmer. En effet, l'art. 3 du Code d'Instruction criminelle décide que, lorsque les deux actions civile et publique s'exerceront devant deux juridictions différentes, la première sera suspendue jusqu'au jugement de la seconde. Pourquoi cette disposition? sans doute dans le but que les juges criminels arrivent au débat sans aucun préjugé. Mais n'est-ce pas aussi pour éviter les contrariétés dans les jugements, pour prévenir ces oppositions toujours si regrettables entre tribunaux appartenant à la même nation? Or comment ce but serait-il atteint, comment ces contradicions seraient-elles évitées, si les décisions des tribunaux criminels ne devaient pas préjuger l'action civile?

Ce n'est pas tout : d'après l'art. 463, Inst. crim., l'acte authentique, reconnu faux, sera radié sur l'ordre de la Cour ou du tribunal qui aura connu du faux. Aurait-on ainsi prescrit la radiation des pièces déclarées fausses, si l'on n'avait pas eu la volonté que ces pièces ne pussent plus servir ultérieurement de base à une action civile? Ne se serait-on pas contenté de prescrire en marge de l'acte une simple mention du jugement qui le déclarait faux? Évidemment cette radiation, cette suppression complète fait présupposer chez le législateur l'admission de la règle que la décision rendue au criminel exercera une influence directe sur les tribunaux civils.

Ce même principe ressort, d'une manière non moins péremptoire, de plusieurs textes de nos lois civiles; je citerai notamment l'art. 198 du Code Napoléon : il décide que, lorsque la preuve d'une célébration légale du mariage se trouve acquise par le résultat d'une procédure criminelle, l'inscription du jugement, sur les registres des actes de l'état civil, assure au mariage, à compter du jour de sa célébration, tous les effets civils, tant à l'égard des époux qu'à l'égard des enfants issus du mariage. C'est prouver manifestement que l'on reconnaît l'autorité préjudicielle des jugements rendus au criminel. On pourrait tirer un argument analogue de l'art. 232 du même Code et de quelques autres encore. Mais il est inutile

de les rappeler ici, car, de ceux que j'ai cités, il résulte suffisamment, comme il résultait des principes, que la chose
jugée au criminel exerce une influence sur la chose jugée au
civil.

Mais quelle est cette influence ? et dans quelles limites
doit-elle être restreinte ? Il faut, pour répondre à cette
question, suivre le même procédé que pour la précédente.
Il faut nous pénétrer de la nature des juridictions crimi-
nelles et examiner scrupuleusement le but du législateur en
les instituant. Or, si nous y réfléchissons attentivement, nous
arriverons à découvrir que les jugements des tribunaux de
répression n'ont et ne peuvent avoir d'influence que quant
aux conséquences pénales du fait incriminé; mais que, quant
à ses conséquences civiles, quant à sa nature même, quant
au point de savoir s'il constitue un délit de droit civil ou un
quasi-délit, ces mêmes jugements ne sauraient plus exercer
aucun empire et doivent demeurer étrangers à la solution de
ces divers problèmes. Ainsi, quand un tribunal criminel aura
déclaré que le fait reproché à l'inculpé existe, que l'inculpé
en est l'auteur, ces décisions jouiront, d'une manière absolue
et à l'égard de tous, de l'autorité de la chose jugée. Mais si ce
même tribunal décide en outre, alors qu'il n'y a pas de
partie civile, que le fait dont l'inculpé est reconnu l'auteur
n'est nullement répréhensible, et qu'il n'est pas de nature à
donner ouverture à une demande quelconque d'intérêt civil,
il outrepasse ses droits en jugeant ainsi, et les tribunaux civils ne seront liés en aucune manière par de pareilles décisions.

Telle est la mesure, tel est le tempérament qu'il faut apporter à cette maxime, que le criminel emporte le civil.
Entendue avec cette restriction, elle nous semble d'une exactitude irréprochable, au double point de vue des principes de
la science rationnelle et des textes de nos lois positives. Nous
allons, au surplus, essayer de la suivre dans ses conséquences
pratiques et dans ses différents cas d'application. Nous ver-

rons qu'ici encore elle ne conduit jamais à des résultats que condamne la raison ou que contredise une loi quelconque de nos Codes. Pour plus de méthode, nous distinguerons les cas de condamnation de ceux d'acquittement.

Dans la première hypothèse, lorsque l'accusé est déclaré coupable, le principe que la question civile se trouve préjugée par la décision criminelle s'applique dans toute sa force. Le condamné n'est plus recevable à remettre en question le délit sur lequel le tribunal aura statué; l'existence de ce fait et la culpabilité de son auteur sont jugées au profit de tous les tiers intéressés, sans que ceux-ci soient tenus de produire aucune preuve. Ainsi, qu'il s'agisse d'une demande en dommages-intérêts, en nullité, en rescision, en révocation d'une convention ou d'un acte, en séparation de corps, en exclusion ou déchéance de la tutelle ou de la puissance paternelle, etc., etc., dans tous les cas le juge civil devra tenir pour constants les faits qui ont été l'objet de la poursuite criminelle, et il ne sera jamais permis au condamné de les discuter à nouveau. Tout ce qu'il pourra, ce sera seulement de débattre, soit le *quantum* des dommages-intérêts ou des restitutions qui seront demandées contre lui, soit l'exactitude et la portée des conséquences civiles que son adversaire prétendra tirer du délit qui a déterminé la condamnation. Il va sans dire aussi que, s'il alléguait un payement, une remise, une transaction, une circonstance quelconque étrangère au fait, et qui ne contredirait pas la déclaration du tribunal de répression, le juge civil devrait également l'écouter, sans pouvoir lui opposer l'autorité de la chose jugée.

Je passe à la seconde hypothèse, à celle d'acquittement. Elle présente quelques questions assez délicates et demande une attention soutenue. Il est d'abord évident que, si le tribunal criminel a déclaré qu'aucun délit n'avait été commis, ou que l'inculpé n'était pas l'auteur du fait incriminé, le juge civil ne pourrait pas décider qu'il y a eu délit, ou que le prévenu s'en est rendu coupable, ou encore qu'il l'a commis avec toutes les circonstances que l'accusation avait relevées, comme en établissant le caractère criminel. Il y aurait en effet, contradiction flagrante entre les décisions des deux juridictions ; l'autorité de la chose jugée serait violée, et nul doute que, dans ce cas, la Cour de cassation n'annulât le jugement du tribunal civil.

Mais, si une décision rendue au criminel déclare qu'un individu n'est pas coupable d'avoir porté des coups et fait des blessures volontairement ou involontairement, sera-t-il possible d'intenter au civil une action en dommages et intérêts pour les mêmes voies de fait et contre la même personne ? Il semble au premier abord qu'on doive répondre négativement, car le délit criminel existant, par cela seul qu'il y a eu maladresse, imprudence, inattention ou inobservation des règlements (art. 319 C. P.), on peut dire que l'acquittement prononcé par la justice répressive purge le prévenu de tout reproche de négligence ou d'imprudence, et écarte par là-même l'application des art. 1382, 1383 du Code Napoléon. Il ne faudrait cependant pas accepter cette opinion. Le défaut de précautions ou d'adresse dont s'occupe le Code pénal n'est pas en effet le même que celui exigé par le Code civil. Telle faute, qui est assez grave pour engager la responsabilité civile, peut n'être pas de nature à déterminer une condamnation pénale. De plus, le juge criminel n'a mission d'examiner les faits qu'au point de vue pénal et non pas au point de vue civil. Quand donc il déclare ne pas reconnaître dans l'acte qui lui est soumis l'imprudence constituant le délit d'homicide involontaire, il n'y a pas contradiction à permettre de poursuivre et d'obtenir civilement la réparation du préjudice causé.

Ce raisonnement nous fait comprendre que, si un individu accusé d'avoir incendié sa maison a été acquitté par la Cour d'assises, la compagnie d'assurances peut néanmoins, quand elle est poursuivie en payement d'une indemnité, être admise à prouver que le prévenu a, par sa faute, provoqué ou occasionné l'incendie de sa maison, et qu'ainsi il n'a droit à aucun dédommagement.

De même celui qui aurait été renvoyé de la prévention d'extorsion de promesses ou obligations par violence, force ou contrainte, ne pourrait pas se prévaloir de l'arrêt d'acquittement rendu au criminel pour soutenir la validité desdites promesses ou obligations. Rien ne s'opposerait même à ce que le tribunal civil annulât ces conventions comme entachées de dol ou de violence.

Enfin on s'est demandé, et la jurisprudence a eu plus d'une fois à décider si la déclaration de non culpabilité d'un individu accusé de faux faisait obstacle à ce que le juge civil admît l'inscription de faux incident et déclarât fausse la pièce arguée. On doit, si je ne me trompe, admettre cette faculté d'annulation, qui ne nous paraît contredire, en aucune manière, les principes de l'autorité de la chose jugée. En effet, dans la poursuite en faux devant les juges criminels, de quoi s'est-il agi? Seulement de la culpabilité du prévenu. Or, cette culpabilité peut n'avoir pas été reconnue par des considérations tout autres que la vérité de l'acte, par exemple, parce qu'il s'agissait d'un fou, d'un enfant sans discernement, parce que l'intention frauduleuse faisait défaut, parce que le prévenu n'était pas l'auteur de l'altération, etc. Toutes ces raisons sont personnelles à l'inculpé et n'ont aucun rapport avec la question de savoir si la pièce est ou n'est pas fausse. Ce débat reste donc entier et n'est en aucune façon préjugé par la déclaration des juges criminels. Pourquoi, dès lors, le tribunal civil n'accueillerait-il pas l'action en faux incident civil? Quand même il déclarerait la pièce fausse, sa décision pourrait encore se concilier parfaitement avec celle du tribunal criminel.

Tous ces exemples mettent suffisamment en lumière le principe que nous avons adopté. Ils font voir, comme nous l'avons dit, qu'au point de vue de ses caractères civils et des conséquences qu'à ce titre il est appelé à produire, l'acte imputé au prévenu reste soumis à la libre appréciation du juge civil, qui doit seulement dans sa décision ne jamais contredire ni modifier les faits déclarés constants par le juge criminel.

Remarquons même que cette obligation n'existe, et que le criminel ne lie le civil, qu'autant que les questions résolues par les tribunaux de répression entrent bien dans leur compétence et ne constituent pas de pures questions civiles. Dans ce dernier cas en effet tous les auteurs reconnaissent que la décision criminelle, quelle que soit sa nature, acquittement ou condamnation, ne peut jamais produire d'effets que relativement à l'action publique, et n'exerce aucune influence sur le juge civil appelé plus tard à connaître des mêmes difficultés. C'est ainsi que lorsqu'un individu a été condamné pour crime de bigamie, l'arrêt de condamnation n'établit ni la validité du premier mariage, ni la nullité du second. De même si, au mépris de l'art. 327 du Code Napoléon, des tribunaux criminels avaient jugé une question d'état avant que les tribunaux civils se fussent prononcés sur le même débat, l'enfant ne pourrait pas invoquer la condamnation de l'accusé pour se faire adjuger tel ou tel état.

Nous terminerons en faisant observer qu'aucune des règles tracées au présent chapitre, sur les rapports des actions civiles et publiques, ne nous paraît applicable aux ordonnances du juge d'instruction ou de la chambre des mises en accusation portant qu'il n'y a pas lieu à suivre. Ces décisions se rattachent en effet à l'instruction de la cause plutôt qu'elles ne la jugent définitivement. Il semble donc hors de doute que l'action des parties qui se prétendent lésées reste entière, et qu'elle pourra être appréciée en toute liberté par le tribunal civil.

POSITIONS.

DROIT ROMAIN.

I. L'action Paulienne des Instituts de Justinien est une action *in rem*. Celle du Digeste est une action *in personam*. La première en date est l'action personnelle.

II. Le payement fait à l'un des créanciers, quand tous les autres ont déjà formé leur demande, peut être annulé par l'action Paulienne.

III. L'année dans laquelle l'action révocatoire doit être intentée ne commence à courir que du jour de la vente des biens.

IV. L'action Paulienne peut être exercée même par des créanciers hypothécaires.

V. Il n'y a pas antinomie entre la loi 25, § 4, *Quæ in fraud. cred.*, et les lois 10, § 20, *Eod tit.*, et 38, § 1, *De usuris.*

DROIT FRANÇAIS.

CODE NAPOLÉON.

I. L'autorité de la chose jugée n'est point attachée, en France, aux jugements émanés des tribunaux étrangers, à moins que le contraire ne résulte de traités politiques.

II. Du moment où les droits des créanciers hypothécaires sont devenus efficaces à l'égard des tiers, les jugements rendus contre le débiteur, relativement à la propriété des immeubles, ne sont plus opposables aux créances hypothécaires.

III. Le jugement rendu contre le débiteur principal ne nuit point à la caution.

IV. Quand un tribunal a rejeté une exception réelle, proposée par l'un des débiteurs solidaires, le jugement demeure sans effet à l'égard des autres débiteurs.

V. On doit considérer comme des tiers les copropriétaires d'un immeuble indivis qui n'ont pas personnellement figuré dans l'instance où il a été décidé que l'héritage ne jouissait pas ou était au contraire grevé de telle ou telle servitude.

VI. Celui qui a succombé dans une demande ayant pour objet la servitude *iter* peut ultérieurement réclamer la servitude *actus* ou *via*.

VII. Il n'est plus possible, quand un jugement a repoussé la demande d'une partie d'un objet, de demander ensuite le tout, même déduction faite de la partie qui était l'objet de la première action.

VIII. Quand deux actions séparées dans leur origine viennent à se réunir aux mains d'un seul et même individu, par suite d'une adition pure et simple d'hérédité, elles continuent à pouvoir être exercées l'une après l'autre.

IX. Le successible qui a été condamné comme héritier pur et simple, par un jugement contradictoire ou par défaut, passé en force de chose jugée, conserve la faculté d'accepter sous bénéfice d'inventaire, vis-à-vis toutes les personnes qui n'ont pas été parties dans ce jugement, et notamment vis-à-vis les créanciers.

CODE DE PROCÉDURE CIVILE.

I. La tierce opposition a cette principe de utilité qu'elle sert aux ayants-cause de la partie condamnée à faire rescinder le jugement rendu en fraude de leurs droits.

II. L'appel des jugements interlocutoires peut non-seulement être formé tant que dure l'instance, mais même après qu'elle est terminée, pendant les deux mois qui suivent la signification du jugement définitif.

CODE DE COMMERCE.

I. Pour qu'une femme mariée puisse faire le commerce, le consentement du mari est indispensable, et ne peut jamais être suppléé par l'autorisation de justice.

II. L'article 841 C. N. n'est pas applicable dans les partages de sociétés.

III. L'inexécution des engagements à l'égard d'un seul des créanciers suffirait pour faire annuler le concordat.

CODES PÉNAL ET D'INSTRUCTION CRIMINELLE.

I. L'influence des jugements rendus au criminel quant aux intérêts civils se trouve déterminée par cette double règle : 1° Le juge civil doit accepter comme constants les faits déclarés tels par le juge criminel; 2° il doit apprécier librement leurs caractères et leurs conséquences au point de vue de la loi civile.

II. Le jugement rendu au criminel et décidant qu'un individu n'est pas coupable d'avoir porté des coups et fait des blessures volontairement ou involontairement ne fait pas obstacle à ce qu'un tribunal civil condamne la même personne, pour les mêmes voies de fait, à des dommages et intérêts.

DROIT ADMINISTRATIF.

I. Le ministre constitue le tribunal administratif de droit commun.

10

II. L'affectation à un service public ne suffit pas pour ranger un édifice dans le domaine public.

III. Pour disposer du lit ou de la pente d'un cours d'eau ni navigable ni flottable, il n'est pas besoin de procéder par voie d'expropriation pour cause d'utilité publique.

TABLE DES MATIÈRES.

———

DROIT ROMAIN.

DROIT FRANÇAIS.

———

POITIERS. — TYP. DE HENRI OUDIN.

POITIERS
TYPOGRAPHIE OUDIN.

Contraste insuffisant

NF Z 43-120-14

www.ingramcontent.com/pod-product-compliance
Lightning Source LLC
Chambersburg PA
CBHW071905200326
41519CB00016B/4514